--Rahmân ve Rahîm Olan Allah'ın Adıyla--

"Allah'ın rızası ana babanın rızasına, gazabı da ana babanın gazabına bağlıdır."

(Tirmizî)

NEDÂ
Yayın No: 18

Kitap İsmi: *Anne-Babamla İlişkim Nasıl Olmalı?*

Yazar: *Faruk FURKAN*

Tashih & Redakte: *Abdullah YILDIRIM*

Kapak Tasarım: *Ebyar TURAB*

Baskı: *Çetinkaya Ofset (332 342 01 09) Fevzi Çakmak mah. Hacı Bayram cad. no: 18 Karatay/KONYA*

Sertifika No: *25537*

Cilt: *Ayyıldız Cilt-Matbaa (0535 8805058)*

Baskı Tarihi: *Nisan/2019*

Yayıncı Sertifika No: *43189*

İletişim
İhlas Kitabevi
Şükran Mah. Başaralı cd. No:6
Rampalı Çarşı no:12 Meram/KONYA
Tel: 0 332 350 4687
0 541 834 0273
www.ihlaskitabevi.com

ANNE BABAMLA İLİŞKİM

NASIL OLMALI?

Faruk Furkan

İbrahim GADBAN,
Konya doğumlu olup, temel Arapça ve İslam ilimlerini Konya'nın muhtelif medrese hocalarından aldı. Daha sonra 2003 yılında Şam'a gitti ve orada bir taraftan el-Fethu'l-İslamî Üniversitesinde okurken diğer taraftan da Şam ulemasının cami derslerine katıldı. Şam'dan döndükten sonra bir yandan talebe okutmakla uğraşırken, diğer yandan farklı alanlarda kitaplar kaleme almaya ve tercüme etmeye başladı. Yayınlanmış tercüme ve telif eserleri şunlardır:

1- Anne-Babamla İlişkim Nasıl Olmalı?
2- Bir Dil Âfeti Olarak "Ağız Bozukluğu"
3- Bir Yaşam Biçimi Olarak "Lâ İlâhe İllallah"
4- Davacın Peygamber Olursa!
5- Dış Tesettürde "Renk Meselesi"
6- Hikmet Damlaları
7- İslam Dâvetçisine Önemli Notlar
8- İslam Hukuku Açısından "Tekfîr Meselesi"
9- Kelime-i Tevhid'in Anlam ve Şartları
10- Lâ İlâhe İllallah Ne Demek Biliyor musun?
11- Mü'mine Hanımlara Nasihatler
12- Müslüman Kalabilmek İçin Nelere Dikkat Etmeliyiz?
13- Rahmetli Olmanın İpuçları
14- Ramazan Azığı
15- Sanal Dünyadan Sosyal Hayata "Bir Demet Nasihat"
16- Sohbet Halkaları İçin *Meclis Âdabı*"
17- Şakalaşma ve Mizah Anlayışımız Nasıl Olmalı?
18- Tevbende Samimi Olduğunu Nasıl Bilebilirsin?
19- Ticaret Ehli Müslümanlara Nasihatler
20- Ümmetin Terk Edilmiş Vazifesi
21- Vejetaryen Olmak İstiyoruz!
22- Yön Veren Yazılar -1-
23- Yön Veren Yazılar -2-
24- Yön Veren Yazılar -3-
25- Zilhicce Risâlesi
26- Cehennemi Tanıyor musunuz? (Tercüme)
27- Peygamber Efendimiz'den 55 Altın Öğüt (Tercüme-Şerh)
28- Salih Amellerin Rızık Üzerindeki Rolü (Tercüme)

29- Hicab Risalesi (Tercüme)
30- Uzaklaşılması Zorunlu Olan Mescid-i Dırarların Niteliği (Tercüme)
31- Bir Şirk ve Riddet Tâifesi Şia (Tercüme)
32- İslâm'a Göre Kadınlarla Tokalaşmanın Hükmü (Tercüme)

Yazarın, farklı İslamî dergilerde yazı ve makaleleri de bulunmaktadır.

Kitaplarının bazısını Faruk FURKAN mahlasıyla çıkarmaktadır.

Yazı ve derslerini www.arzusucennetolanlar.com adresi üzerinden yayınlamaktadır.

Evli ve iki çocuk babasıdır.

خطبة الحاجة

إن الحمدَ لله نحمدُه ونستعينه ونستغفره، ونعوذُ بالله من شرور أنفُسنا ومن سيئات أعمالنا، من يهده الله فلا مضلَّ له، ومن يُضلل فلا هادي له .

وأشهد أن لا إله إلا الله وحده لا شريك له، وأشهد أن محمداً عبده ورسوله

(يا أيها الذين آمنوا اتقوا الله حقَّ تقاته ولا تموتنَّ إلا وأنتم مسلمون)

(يا أيها الناس اتقوا ربكم الذي خلقكم من نفسٍ واحدة وخلق منها زوجها وبث منهما رجالاً كثيراً ونساء واتقوا الله الذي تساءلون به والأرحام إن الله كان عليكم رقيباً)

(يا أيها الذين آمنوا اتقوا الله وقولوا قولاً سديداً يُصلح لكم أعمالكم ويغفر لكم ذنوبكم ومن يُطع الله ورسوله فقد فاز فوزاً عظيماً)

أما بعد: فإن أصدق الحديث كلامُ الله، وخير الهدي هديُ محمد ، وشرَّ الأمور محدثاتُها، وكل محدثةٍ بدعة، وكل بدعة ضلالة، وكل ضلالة في النار .

HUTBETÜ'L-HÂCE

Hamd Allah'a özgüdür. O'na hamd eder, O'ndan yardım ister ve O'ndan bağışlanma dileriz. Nefislerimizin şerrinden, yaptıklarımızın kötülüklerinden O'na sığınırız. Allah kime hidayet ederse onu saptıracak yoktur. Kimi de saptırırsa onu doğru yola sevk edecek biri bulunmaz. Allah'tan başka hiçbir (hak) ilahın olmadığına, O'nun tek ve ortağı bulunmadığına şahitlikte bulunur, Muhammed *sallallâhu aleyhi ve sellem*'in O'nun kulu ve Rasûlü olduğuna tanıklık ederiz.

"*Ey iman edenler! Allah'tan korkun ve sizler kesinlikle Müslüman olarak ölün.*" *(Âl-i İmrân Sûresi, 102)*

"*Ey insanlar! Sizi bir tek canlıdan yaratan, ondan eşini vücuda getiren ve o ikisinden birçok erkekler ve kadınlar üreten Rabbinize karşı gelmekten sakının. Adını anarak birbirinizden dilekler dilediğiniz Allah'tan korkun. Rahimlerin haklarına saygısızlıktan da sakının. Şu bir gerçek ki Allah, Rakîb'dir/ sizin üzerinizde sürekli ve titiz bir gözetleyicidir.*" *(Nisa Sûresi, 1)*

"*Ey iman edenler! Allah'tan korkun ve doğru söz söyleyin ki, Allah amellerinizi düzeltsin ve günahlarınızı affetsin. Allah'a ve O'nun resulüne itaat eden, gerçektende büyük bir başarıyı elde etmişti.*" *(Ahzâb Sûresi, 70, 71)*

En doğru söz, Allah'ın kelamı ve en doğru yol, Muhammed *sallallâhu aleyhi ve sellem*'in rehberlik ettiği yoldur. İşlerin en şerlisi bidatlerdir/dine sonradan eklenen şeylerdir. Dine sonradan eklenen her şey bidattır. Her bidat sapkınlıktır ve her sapkınlık da ateşe/cehenneme götürür.

ÖNSÖZ

İslam'ın ana babaya itaatle alakalı tavsiye ve emirlerini Kur'ân ve Sünnet bilgisine birazcık sahip olan her Müslüman bilir. İslam, Allah'a ve Rasûlüne itaatten sonra meşru çerçevede itaat edilmesi gereken merci olarak ana babayı göstermiştir. Ve yine Allah ve Rasûlü'nün razı edilmesinden sonra onların razı edilmesini, diğer tüm insanların rızasının önüne almıştır.

İslam'ın öğretilerinden uzak olan günümüz insanı ise Allah ve Rasûlünün bu emirlerini göz ardı ederek maalesef ana baba haklarını zayi etmekte, onların kadru kıymetini gereği gibi takdir edememektedir. Hatta bazıları onlara bağırıp çağırmakta, kızıp öfkelenmekte, kimileri ise onları dövmektedir. Oysa Rabbimiz, kâfir bile olsalar onlara "öf" demeyi bile kesin bir dille yasaklamış, ne kadar kötü olurlarsa olsunlar onlarla iyi geçinmeyi kat'i surette bizden istemiştir. Rabbimiz şöyle buyurur:

"Rabbin, kendisinden başkasına asla ibadet etmemenizi, anaya babaya (yapabildiğinizin en) iyi(siyle) davranmanızı kesin olarak emretti. Eğer onlardan biri ya da her ikisi senin yanında ihtiyarlık çağına ulaşırsa sakın onlara 'öf' bile deme! Onları azarlama; onlara tatlı ve güzel söz söyle. Onlara merhamet ederek tevazu kanadını indir ve de ki: Rabbim! Tıp-

kı beni küçükken koruyup yetiştirdikleri gibi sen de onlara acı." *(17 İsra/23, 24)*

Anne babasına kötü davrananlar, sadece İslam'ın öğretilerinden uzak olan günümüz insanları değildir. Duyup gördüğümüz şekliyle bazı Müslümanlar da ebeveynlerine tıpkı cahil insanlar gibi kötü davranmakta, onları azarlamakta, onlara kızıp bağırmaktadırlar. İslam'dan uzak olan insanların bu tür kötü davranışlarını bir noktaya kadar anlamak mümkündür; çünkü onlar Allah'ı hesaba katan, davranışlarını İslam'a uydurmaya çalışan ve âhirette yaptıklarının hesabını verme derdinde olan insanlar değildirler. Bu nedenle onların anne babalarına böyle davranmaları normaldir.

Peki, Allah'ı hesaba katan, davranışlarını İslam'a uydurmaya çalışan ve ahirette yapıp ettiklerinin hesabını verme bilincinde olan Müslümanların ana babalarına böyle davranmalarını nereye koyacak ve nasıl anlayacağız? Kur'ân benim kitabımdır, ben ondaki emir ve yasaklardan hesaba çekileceğim, dediği halde hâlâ anne babasını üzen, ağlatan veya onlara zulmeden Müslümanları nasıl değerlendireceğiz?

İbn-i Abbas radıyallahu anhuma der ki:

"Şu üç ayet, üç şeyle bağlantılıdır. Onlardan bir tanesinin yokluğu diğerinin de kabul edilmemesini gerektirir. Bu ayetler şunlardır:

1. وَأَطِيعُوا ٱللَّهَ وَأَطِيعُوا ٱلرَّسُولَ / *"Allah'a ve Rasûlüne itaat edin."* *(64 Teğabun/12)*

Her kim Allah'a itaat eder de Rasûlullah'a itaat etmezse, bu ondan kabul edilmez.

2. وَأَقِيمُوا ٱلصَّلَوٰةَ وَءَاتُوا ٱلزَّكَوٰةَ / *"Namazı kılın, zekâtı verin."* *(2 Bakara/43)*

Her kim namaz kılar da zekâtını vermezse, bu ondan kabul edilmez.

3. أَنِ ٱشْكُرْ لِي وَلِوَٰلِدَيْكَ / *"Bana ve ana babana şükret."* *(31 Lokman/14)*

Her kim Allah'a şükreder ama ana babasına şükretmezse, bu ondan kabul edilmez."[1]

Allah'a kulluk ederek şükrettiği halde ana babasına isyan ederek nankörlük eden Müslüman insanların bu rivayeti derinden derine düşünmeleri gerekir. Onlar Allah'a şükrettiklerini iddia ediyorlar, ama ana babalarına şükretmekten uzaklar. Acaba Allah bunu onlardan kabul edecek mi? Acaba Allah onların kendisine kulluk ettiklerini hesaba katarak ana babalarına isyanlarını es geçecek mi?

Hayır, vallahi hayır... Hem de binlerce kez hayır!

İbn-i Abbas'ın da ifade ettiği gibi, her kim Allah'a şükreder, ama ana babasına şükretmezse bu ondan kabul edilmeyecektir. Yani sırf onların Allah'a kullukları nedeniyle kullarından haberdar olan ve onlara en adil şekilde davranan Allah, onların bu isyanını görmezden gelmeyecek; aksine onları hesaba çekecektir. Bu Müslümanların bir an önce kendilerine gelmeleri ve ana babalarıyla aralarını ıslah etmeleri gerekmektedir.

İşte bu gibi Müslümanların yaptıklarını duyduğumuz ve gördüğümüz için böylesi bir kitabı kaleme al-

---

[1] Ve Bi'l-Valideyni İhsanâ, sf. 7.

maya ve onlara nasihat etmeye karar verdik. Tek bir kişinin bile bu kitaptan etkilenip zikri geçen kötü davranışından vazgeçmesi, bizim için büyük bir kazanç olacak ve bizi maksadımıza vasıl edecektir.

Rabbim hepimizi ana babasına saygılı olan, murad ettiği şekliyle onlara muamele eden ve neticesinde rızasını kazanan kullarından eylesin. (Âmîn)

KUR'ÂN'DA ANA BABAYA İTAAT

Kur'ân-ı Kerim, anne babaya nasıl davranmamız gerektiği noktasında bizlere çok net, kesin ve etraflı bilgiler vermektedir. Sadece Müslüman ana babaya değil, aynı zamanda kâfir ana babaya da nasıl davranılacağını en ince ayrıntılarıyla ortaya koymuştur. Şimdi ana babaya itaatle alakalı bazı ayetleri zikrederek bu meseleyi izah etmeye çalışacağız. Rabbimiz şöyle buyurur:

وَقَضَىٰ رَبُّكَ أَلَّا تَعْبُدُوا إِلَّا إِيَّاهُ وَبِالْوَالِدَيْنِ إِحْسَانًا إِمَّا يَبْلُغَنَّ عِنْدَكَ الْكِبَرَ أَحَدُهُمَا أَوْ كِلَاهُمَا فَلَا تَقُلْ لَهُمَا أُفٍّ وَلَا تَنْهَرْهُمَا وَقُلْ لَهُمَا قَوْلًا كَرِيمًا وَاخْفِضْ لَهُمَا جَنَاحَ الذُّلِّ مِنَ الرَّحْمَةِ وَقُلْ رَبِّ ارْحَمْهُمَا كَمَا رَبَّيَانِي صَغِيرًا

"Rabbin, kendisinden başkasına asla ibadet etmemenizi, anaya babaya (yapabildiğinizin en) iyi(siyle) davranmanızı kesin olarak emretti. Eğer onlardan biri, ya da her ikisi senin yanında ihtiyarlık çağına ulaşırsa, sakın onlara 'öf' bile deme; onları azarlama; onlara tatlı ve güzel söz söyle. Onlara merhamet ederek tevazu kanadını indir ve de ki: Rabbim! Tıpkı beni küçükken koruyup yetiştirdikleri gibi sen de onlara acı." (17 İsra/23,24)

Rabbimiz bu âyet-i kerimede, kendisine ibadeti emrettikten hemen sonra ana babaya iyilik edilmesi gerektiğini vurgulamış ve bunun, kendisine ibadetten sonra en önemli meselelerden birisi olduğuna dikkat çekmiştir.

Yine âyet-i kerimede dikkatimizi çeken diğer bir husus da, ana babaların mutlak olarak zikredilerek onların müslüman-kâfir şeklinde bir ayırıma tabi tutulmamasıdır. Yani kendilerine iyilik etmemiz emredilen ebeveynler ister kâfir olsun ister Müslüman, her halükarda iyiliği ve güzel davranılmayı hak eden kimselerdir. Eğer Allah sadece Müslüman anne babaları kastedecek olsaydı, mutlaka bir ayırıma gider ve bunu açıkça belirtirdi. Belirtmediğine göre biz anlıyoruz ki ana baba kâfir dahi olsa, hatta dünyanın en kötü insanları bile olsa, çocuklarının onlara iyilik etmesi ve güzel davranması gerekmektedir. Bu noktaya son derece dikkat edilmelidir.

Başka bir âyette şöyle buyrulur:

وَاعْبُدُوا اللَّهَ وَلَا تُشْرِكُوا بِهِ شَيْئًا وَبِالْوَالِدَيْنِ إِحْسَانًا وَبِذِي الْقُرْبَى وَالْيَتَامَى وَالْمَسَاكِينِ وَالْجَارِ ذِي الْقُرْبَى وَالْجَارِ الْجُنُبِ وَالصَّاحِبِ بِالْجَنْبِ وَابْنِ السَّبِيلِ وَمَا مَلَكَتْ أَيْمَانُكُمْ إِنَّ اللَّهَ لَا يُحِبُّ مَنْ كَانَ مُخْتَالًا فَخُورًا

"Allah'a ibadet edin ve ona hiçbir şeyi ortak koşmayın. Ana babaya, akrabaya, yetimlere, yoksullara, yakın komşuya, uzak komşuya, yanınızdaki arkadaşa, yolcuya, elinizin altındakilere iyilik edin. Şüphesiz Allah, kibirlenen ve övünen kimseleri sevmez." (4 Nisa/36)

Bu âyette de dikkatimizi çeken iki husus vardır:

1. Allah'a ibadet edilmesi ve O'na şirk koşulmaması gerektiğinin vurgulanmasının hemen akabinde ana babaya itaat zikredilmiş, onların hakları Allah'ın haklarının hemen ardından ele alınmıştır.

2. Akraba, yetimler ve yoksullar gibi iyilik edilmesi gereken dokuz sınıf insan zikredilmiş, ama ana baba bunların en başında yer almıştır.

İşte bu hususlar göstermektedir ki, bu mesele İslam'ın son derece önem verdiği, ehemmiyetle üzerinde durulmasını istediği ve ihmaline asla müsamaha göstermediği konuların başında yer almaktadır.

Lokman suresinde ise Rabbimiz ana babaya itaati, diğerlerinden farklı olarak biraz daha te'kit ifade eden bir lafızla dile getirmiş ve Müslüman olsun olmasın, her insana ana babasına iyi davranması tavsiye buyrulmuştur. Rabbimiz şöyle buyurur:

وَوَصَّيْنَا الْإِنْسَانَ بِوَالِدَيْهِ حَمَلَتْهُ أُمُّهُ وَهْنًا عَلَى وَهْنٍ وَفِصَالُهُ فِي عَامَيْنِ أَنِ اشْكُرْ لِي وَلِوَالِدَيْكَ إِلَيَّ الْمَصِيرُ وَإِنْ جَاهَدَاكَ عَلَى أَنْ تُشْرِكَ بِي مَا لَيْسَ لَكَ بِهِ عِلْمٌ فَلَا تُطِعْهُمَا وَصَاحِبْهُمَا فِي الدُّنْيَا مَعْرُوفًا وَاتَّبِعْ سَبِيلَ مَنْ أَنَابَ إِلَيَّ ثُمَّ إِلَيَّ مَرْجِعُكُمْ فَأُنَبِّئُكُمْ بِمَا كُنْتُمْ تَعْمَلُونَ

"İnsana da anne babasına iyi davranmasını vasiyyet ettik. Annesi onu her gün biraz daha güçsüz düşerek karnında taşımıştır. Onun sütten kesilmesi de iki yıl içinde olur. (İşte onun için) insana şöyle emrettik: Bana ve anne babana şükret. Dönüş banadır. Eğer hakkında hiçbir bilgi sahibi olmadığın bir şeyi bana ortak koşman için seninle uğraşırlarsa onlara itaat etme! Fakat dünyada onlarla iyi geçin. Bana yönelenlerin yoluna uy! Sonra dönüşünüz ancak banadır. Ben de size yap-

makta olduğunuz şeyleri haber vereceğim."
(31 Lokman/14, 15)

Bu ayetin başında yer alan ve "vasiyet ettik" anlamına gelen "وَصَّيْنَا / *vassaynâ*" fiili, "emrettik" anlamına gelen "أَمَرْنَا / *emernâ*" fiilinden daha te'kitli ve anlam itibariyle daha vurguludur. Herkes bilir ki bir insanın vasiyeti her zaman emrinden daha öncelikli ve yerine getirilmeye daha layıktır. Bir insanın ölüm döşeğine düştüğünü ve yakınlarına *"Şunu size vasiyet ediyorum"* dediğini düşünelim... Bu sözü mü yerine getirilmeye daha layıktır yoksa *"Şunu yapmanızı talep ediyorum"* sözü mü?

Hangisi?

Herkes bilir ki, elbette bir insanın vasiyeti yerine getirilmeye ve riayet edilmeye daha layıktır. Tabii ki emrettiği şeylerin de yerine getirilmesi gerekir, ama sıralamaya koyarsak her zaman vasiyet, diğer istek ve taleplerinden daha önceliklidir.

Bu vasiyet başka surelerde de dile getirilmiştir. Rabbimiz şöyle buyurur:

وَوَصَّيْنَا الْإِنْسَانَ بِوَالِدَيْهِ حُسْنًا وَإِنْ جَاهَدَاكَ لِتُشْرِكَ بِي مَا لَيْسَ لَكَ بِهِ عِلْمٌ فَلَا تُطِعْهُمَا إِلَيَّ مَرْجِعُكُمْ فَأُنَبِّئُكُمْ بِمَا كُنْتُمْ تَعْمَلُونَ

"Biz insana, ana babasına iyilik etmesini vasiyyet ettik. Şayet onlar seni, hakkında hiçbir bilgin olmayan şeyi bana ortak koşman için zorlarlarsa, bu takdirde onlara itaat etme. Dönüşünüz ancak bana olacaktır ve ben yapmakta olduklarınızı size haber vereceğim." (29 Ankebut/8)

Bu ayetin sebeb-i nuzûlü şu hadisedir: Sa'd b. Ebî Vakkâs anlatır:

"Ben anneme son derece itaatkâr bir gençtim. İslam'ı kabul ettiğim vakit annem bana:

—İhdas ettiğin bu din de neyin nesi ey Sâ'd! Ya bu dini terk edersin ya da ölene dek yiyip içmeyi bırakırım da bu nedenle kınanır ve *'Annesinin kâtili!'* diye itham edilirsin, dedi.

Bunun üzerine ben:

—Anneciğim! Bunu yapma! Zira ben bu tür şeylerden dolayı dinimi terk etmem, dedim.

Tam bir gün bir gece hiç bir şey yemeden bekledi. Takati kesilmişti. Sonra yine tam bir gün bir gece hiç bir şey yemeden bekledi. Bu durumu görünce anneme:

—Anneciğim! Vallahi biliyorsun ki yüz tane canın olsa ve hepsi de bu şekilde tek tek çıksa ben asla dinimi değiştirmem! Dilersen yersin dilersen aç kalırsın, dedim.

Olayın ciddiyetini anlayan annem, yemeye başladı ve bunun üzerine Allah Teâlâ Ankebut suresinin 8. âyetini indirdi."[2]

Diğer bir âyette de şöyle buyrulmuştur:

قُلْ تَعَالَوْا أَتْلُ مَا حَرَّمَ رَبُّكُمْ عَلَيْكُمْ أَلَّا تُشْرِكُوا بِهِ شَيْئًا وَبِالْوَالِدَيْنِ إِحْسَانًا وَلَا تَقْتُلُوا أَوْلَادَكُمْ مِنْ إِمْلَاقٍ نَحْنُ نَرْزُقُكُمْ وَإِيَّاهُمْ وَلَا تَقْرَبُوا الْفَوَاحِشَ مَا ظَهَرَ مِنْهَا وَمَا بَطَنَ وَلَا تَقْتُلُوا النَّفْسَ الَّتِي حَرَّمَ اللَّهُ إِلَّا بِالْحَقِّ ذَلِكُمْ وَصَّاكُمْ بِهِ لَعَلَّكُمْ تَعْقِلُونَ

---

[2] Safvetü't-Tefâsîr, 2/451.

"(Ey Muhammed!) **De ki: Gelin, Rabbinizin size haram kıldığı şeyleri okuyayım: O'na hiçbir şeyi ortak koşmayın.** *(Bu arada)* **Anaya babaya iyi davranın. Fakirlik endişesiyle çocuklarınızı öldürmeyin. Sizi de onları da Biz rızıklandırırız.** *(Zina ve benzeri)* **çirkinliklere, bunların açığına da gizlisine de yaklaşmayın. Meşrû bir hak karşılığı olmadıkça, Allah'ın haram** *(dokunulmaz)* **kıldığı canı öldürmeyin. İşte size Allah bunu emretti ki aklınızı kullanasınız."** *(6 Enam/151)*

İşin aslına bakılırsa Rabbimiz bu ayette, kullarına haram kılmış olduğu şeyleri anlatmaktadır. Lakin arada bir cümle ile ana babaya iyilik etmeyi emretmiştir. Haramların zikredildiği bir ayette ara cümle olarak ana babaya iyiliğin emredilmesi, düşünen insanlar için gerçekten çok manidardır!

İTAAT ETMEK BAŞKA, İHSANDA BULUNMAK BAŞKADIR

Kur'ân-ı Kerim'in ana babaya itaatle alakalı zikrettiği âyetleri dikkatlice incelediğimiz zaman ortada çok önemli bir nüansın (ince farkın) olduğunu görürüz. Bu ince fark şudur:

Rabbimiz ana babaya itaatle alakalı ne kadar âyet göndermişse hemen hepsinde onlara itaati değil, iyilik etmeyi, ihsanda bulunmayı emretmiştir. Bilindiği üzere ihsanda bulunmak, itaati de içerisine alan geniş bir kavramdır. İhsanın içerisinde zorunlu olarak itaat vardır; ama itaatin içerisinde ihsan olmayabilir. Bu nedenle ana babalarımıza yalın bir şekilde itaat etmemiz yetmez, aynı zamanda onlara ihsanda ve itaatin üzerinde bir iyilikte bulunmamız gerekmektedir.

Örneğin bir ebeveyn çocuklarından bir şey yapmasını istese, çocuk onların bu isteğini yerine getirse ama oflayarak, puflayarak ve başa kalkarak bunu yapsa! Şimdi bu çocuk ana babasının isteklerini yerine getirmiş ve onlara itaat etmiş sayılır mı?

Selim akıl sahibi herkes bilir ki, bu çocuğun yaptığı zoraki itaattir ve hoş bir davranış değildir.

İşte bu çocuğun yaptığı ilk bakışta her ne kadar iyilik gibi gözükse de aslında iyilik değil, yalın bir cefadır. Allah subhanehu ve teâlâ bizim böyle davranmamızı bizden istememektedir. Aksine eğer iyilik ediyorsak onu en güzel ve en ideal şekliyle yapmamızı talep buyurmaktadır. Biraz önce de belirttiğimiz gibi; itaat başka, iyilik etmek ve ihsanda bulunmak başkadır!

İHSAN NE İLE OLUR?

İhsanın elbette ki birçok şekli ve sureti vardır. Kul bunları yaparak Allah Teâlâ'nın *"ana babaya ihsanda bulunun"* emrini yerine getirmiş olur. Âlimlerimizin zikrettiğine göre ihsanın bazı şekilleri şunlardır:

1. Onlara karşı sesi yükseltmemek,
2. Kötü bakışlar atmamak,
3. Onlardan önce söze başlamamak,
4. Sözlerini kesmemek,
5. Önlerinden yürümemek,
6. Arkalarından konuşup-gıybet yapmamak,
7. Onlar istemeksizin sevinecekleri işler ortaya koymak,
8. Onları kendimize tercih etmek,
9. Sövmemek veya sövülmelerine sebebiyet vermemek,
10. Şeref ve haysiyetlerini zedeleyici işler yapmamak...

İşte bunlar ana babaya ihsanın bazı yansımalarıdır. Bir Müslümanın bunlara ve bunlar gibi diğer ihsan ilkelerine son derece dikkat etmesi gerekmektedir.

ANNE BABA MÜSLÜMAN OLMASA YİNE DE İYİLİK EDİLİR Mİ?

Konunun girişinde de kısmen değindiğimiz gibi, sadece Müslüman ana babaya değil, aynı zamanda kâfir ana babaya da iyi davranılması gerektiği Kur'ân'ın kesin bir emridir. Rasulullah sallallahu aleyhi ve sellem de meselenin böyle olduğunu zikretmiş ve müşrik bile olsalar anne babaya iyi davranılması gerektiğini öğütlemiştir. Biz burada sadece Esma radıyallahu anhâ'nın yaşamış olduğu bir hadiseyi naklederek konuyu delillendirmeye çalışacağız. Esma radıyallahu anhâ anlatır:

"Rasûlullah sallallahu aleyhi ve sellem zamanında müşrik olan annem hasret gidermeyi arzulayarak beni ziyarete geldi. Ben de Rasulullah sallallahu aleyhi ve sellem'e:

—Ona iyilik edeyim mi, diye sordum.

Rasulullah sallallahu aleyhi ve sellem:

—Evet, ona iyilik et, buyurdu."[3]

Hadisimiz müşrik bile olsa anne babaya hürmet edilmesi gerektiğini net bir şekilde ortaya koymaktadır. Eğer ana babaya iyilik sadece Müslümanlarla sınırlı olsaydı Allah ve Rasulü bunu mutlaka bize bildirir ve "kâfir ebeveyne iyilik etmeyin" şeklinde bir yasak-

---
[3] Buhârî, Hibe 29; Müslim, Zekât 50.

lamayla bizleri bundan sakındırırlardı. Ama Kur'ân ve Sünneti gözden geçirdiğimiz zaman, bırakın böyle bir yasaklamayı, aksine hep onlara iyiliği emreden naslarla karşılaşmamız söz konusudur. Bu nedenle İslam âlimleri şöyle demişlerdir:

"İyilik ve itaat hususunda ebeveynin ille de Müslüman olması şart değildir. Kâfir bile olsa, şirki ve günahı emretmediği sürece ebeveyne iyilikte bulunmak ve güzellik etmek vaciptir."[4]

---

[4] Bkz. "el-Mevsuatu'l-Fıkhiyyetu'l-Kuveytiyye", 8/65.

ÖRNEK PEYGAMBERLER

Peygamberler insanlık için numune olarak seçilmiş örnek ve önder şahsiyetlerdir. Bu şahsiyetler, tüm insanlığa yol gösteren, nasıl davranacaklarını kendilerine öğreten ve bunun nasıl olması gerektiğini kendi hayatlarıyla ortaya koyan mübarek şahsiyetlerdir. Onları örnek almamız ve davranışlarımızı onların davranışlarına benzetmemiz ısrarla bizlere emredilmiş ve yaşantılarımızı onların rehberliğinde gözden geçirmemiz sürekli bizlere tavsiye buyrulmuştur.

Konumuzla alakalı olarak Kur'ân-ı Kerim'de bizlere örnek gösterilen bazı peygamberler vardır. Bu peygamberler anne babalarına oldukça saygılı davranmış ve onlara hürmette asla kusur etmemişlerdir. Hatta onlardan bazısının ana babası Allah'a iman etmediği halde onlar evlat olarak yapması gereken her şeyi yapmış ve insanların diline: *"Bunlar daha anababalarına saygı gösteremiyor, yarın başımıza geçince bize mi saygı gösterecekler"* gibi bir itiraz malzemesi vermemişlerdir. İşte şimdi o peygamberler ve onların ebeveynlerine göstermiş oldukları saygı ve hürmeti ortaya koyan bazı örnek davranışları.

1. Nuh aleyhisselam.

Nuh aleyhisselam, ölümlerinden sonra bile anababasına iyiliğini devam ettirmiş, vefatlarının ardından bile onlara bağışlanma dilemeyi ihmal etmemiştir. Vefatlarından sonra bile kendilerini unutmayan bir evlat, acaba onlar sağ iken kendilerine nasıl davranmıştır?

$$\text{رَبِّ اغْفِرْ لِي وَلِوَالِدَيَّ وَلِمَنْ دَخَلَ بَيْتِيَ مُؤْمِنًا وَلِلْمُؤْمِنِينَ وَالْمُؤْمِنَاتِ وَلَا تَزِدِ الظَّالِمِينَ إِلَّا تَبَارًا}$$

"Rabbim! Beni, ana-babamı, iman etmiş olarak evime girenleri, iman eden erkekleri ve iman eden kadınları bağışla. Zalimlerin de ancak helâkini arttır." (71 Nuh/28)

Biz, Nuh aleyhisselam'ın yapmış olduğu bu duadan ve Rabbimizin bunu yasaklamayışından anlıyoruz ki onun ebeveyni Müslümandı ve Allah'a ortak koşmamıştı. Bu peygamberin yapmış olduğu bu güzel duadan ve Rabbimizin bunu bize kitabında nakletmesinden anlıyoruz ki, Muhammed ümmetinden Müslüman bir şahsın, eğer Müslüman iseler ölmüş olan ana-babasına rahmet okuması ve onların affedilmesi için dua etmesi gerekmektedir.

2. İbrahim aleyhisselam.

İbrahim aleyhisselam da ebeveynine son derece iyi davranan ve onları asla rencide etmeyen ender şahsiyetlerden birisidir. Kur'ân onun bu hüsn-i muamelesini bizlere bildirmiş ve kâfir bile olsalar, ebeveynlerimize karşı tıpkı onun gibi davranmamızı adeta bizlere îma etmiştir.

$$\text{وَاذْكُرْ فِي الْكِتَابِ إِبْرَاهِيمَ إِنَّهُ كَانَ صِدِّيقًا نَبِيًّا إِذْ قَالَ لِأَبِيهِ يَا أَبَتِ لِمَ تَعْبُدُ مَا لَا يَسْمَعُ وَلَا يُبْصِرُ وَلَا يُغْنِي عَنكَ شَيْئًا يَا أَبَتِ إِنِّي قَدْ جَاءَنِي مِنَ الْعِلْمِ مَا لَمْ يَأْتِكَ فَاتَّبِعْنِي أَهْدِكَ صِرَاطًا سَوِيًّا يَا أَبَتِ لَا تَعْبُدِ الشَّيْطَانَ إِنَّ الشَّيْطَانَ كَانَ لِلرَّحْمَنِ عَصِيًّا يَا}$$

أَبَتِ إِنِّي أَخَافُ أَنْ يَمَسَّكَ عَذَابٌ مِنْ الرَّحْمَنِ فَتَكُونَ لِلشَّيْطَانِ وَلِيًّا

"Kitap'ta İbrahim'i de an! Gerçekten o, son derece dürüst bir kimse, bir peygamber idi. Hani babasına şöyle demişti: Babacığım! İşitmeyen, görmeyen ve sana bir faydası olmayan şeylere niçin tapıyorsun? Babacığım! Doğrusu sana gelmeyen bir ilim bana geldi. Bana uy ki, seni doğru yola ileteyim. Babacığım! Şeytana tapma! Çünkü şeytan Rahman'a isyankâr olmuştur. Babacığım! Doğrusu ben sana, çok esirgeyici Rahman tarafından bir azabın dokunmasından, böylece şeytana bir dost olmandan korkuyorum." (19 Meryem/41-45)

İbrahim aleyhisselam'ın babasının diğer kâfirlerden farklı bir konumu vardır. Diğer kâfirler belki sadece puta taparak veya bazı konularda şirke düşerek kâfir olmuşlardı. Ama İbrahim Peygamber'in babası Âzer, sadece puta tapmakla kalmıyor aynı zamanda put yapıyor, put icat ediyordu. Yani o, bir put imalatçısıydı. İnsanların kâfir olmaları onun eliyle oluyor, putçuluk onun eliyle yayılıyordu. Ama tüm bunlara rağmen İbrahim aleyhisselam babası Âzer'e tebliğde bulunurken saygıda kusur etmemiş, "Babam bir put imalatçısıdır, insanların sapıtması onun eliyle oluyor" diyerek kininden dolayı ona karşı asla yanlış bir tutum içerisine girmemiştir. Hatta böylesi bir kâfire tebliğ esnasında *"baba"* demek yerine, hürmette daha ileri bir mana ifade eden *"babacığım"* kalıbını kullanmayı tercih etmiş ve kendisinden sonra gelecek Müslümanlara örnek olmuştur. İbrahim aleyhisselam'ın Kur'ân'da anlatılan bu mükemmel tavrı bizlere adeta şöyle mesaj vermektedir:

"Ey Müslümanlar! Babanız benim babam Âzer gibi bir put yapıcısı bile olsa, sakın ha ona hürmette kusur etmeyin! Ona iyi davranın, güzel hitaplarda bulunun. Eğer böyle yaparsanız hem onun kalbini kazanırsınız, hem Rabbinizi hoşnut edersiniz, hem de insanların size ve davetinize karşı olumsuz bakışını kırmış olursunuz."

3. İsmail aleyhisselam.

Allah subhanehu ve teâlâ, müşrik olan babasına saygıda kusur etmeyen İbrahim aleyhisselam'a, kim bilir belki de yapmış olduğu bu güzel davranışa karşılık olarak, tıpkı kendisi gibi saygılı ve itaatkâr bir çocuk bahşetmiştir. Bilindiği üzere " الجزاء من جنس العمل/el-cezâu min cinsi'l-amel"dir. Yani karşılık, amelin cinsine göredir. Nasıl amel işlemişsen onunla mükâfatlandırılırsın. İşte İbrahim aleyhisselam müşrik olan babasına yapmış olduğu güzel muamelesinden dolayı kendisine iyilik ve itaat eden bir çocukla ödüllendiriliyor! Bu ödül de İsmail aleyhisselam'dır.

İbrahim aleyhisselam rüyasında oğlu İsmail'i keserken görüyor ve bunun Allah'tan bir emir olduğunu anlıyor. Çünkü peygamberlerin rüyaları hakikattir, tıpkı vahiy gibi gerçektir. İbrahim aleyhisselam neticede bu rüyasını oğluna anlatınca, oğlu İsmail'in cevabı şöyle oluyor:

يَا أَبَتِ افْعَلْ مَا تُؤْمَرُ سَتَجِدُنِي إِنْ شَاءَ اللهُ مِنَ الصَّابِرِينَ

"Babacığım! Emrolunduğun şeyi yap! İnşallah beni sabredenlerden bulacaksın" (37 Saffat/102)

İsmail aleyhisselam, tıpkı babasının kendi babasına göstermiş olduğu tavır gibi bir tavır sergiliyor ve babasına *"baba"* demek yerine *"babacığım"* diye hitap da bulunuyor. Bu, belki de İbrahim Peygamber'in babasına göstermiş olduğu saygının bir mükâfatıydı. O, babasına güzel sözlerle hitap ettiği için, Allah da ona kendisine güzel sözlerle hitap eden bir çocuk bahşetmişti.

Bu güzel hitaptan belki daha da önemlisi, İsmail aleyhisselam'ın tavrıdır. O, babasının ölüm talebine bile hayır demeyecek kadar babasına itaatkâr ve hürmetli bir şahsiyet idi. İşte bu şahsiyetler bizlere örnek gösterilmiş ve onların bu tavırları numune olarak önümüze konulmuştur.

4- İsa aleyhisselam.

İsa peygamber de diğer peygamberler gibi annesine son derece hürmet etmiş ve ona saygıda asla kusur göstermemiştir. Babası olsaydı hiç kuşku yok ki, ona da son derece saygılı davranırdı. O, beşikte olduğu halde kavmi ile konuşurken Allah'ın kendisine verdiği nimetleri zikrederek şöyle demiştir:

$$وَبَرًّا بِوَالِدَتِي وَلَمْ يَجْعَلْنِي جَبَّارًا شَقِيًّا$$

"Beni anama saygılı kıldı, beni azgın bir zorba kılmadı." (19 Meryem/32)

5- Yahyâ aleyhisselam.

Yahya peygamber de tıpkı ataları gibi annebabasına son derece itaatkâr, saygılı ve hürmet eden birisi olmuştu. Kur'ân onun vasıflarından söz ederken şöyle der:

$$\text{يَا يَحْيَى خُذِ الْكِتَابَ بِقُوَّةٍ وَآتَيْنَاهُ الْحُكْمَ صَبِيًّا وَحَنَانًا مِنْ لَدُنَّا وَزَكَاةً وَكَانَ تَقِيًّا وَبَرًّا بِوَالِدَيْهِ وَلَمْ يَكُنْ جَبَّارًا عَصِيًّا}$$

"(Ona) 'Ey Yahya, kitaba sımsıkı sarıl' dedik. Biz ona daha çocuk iken hikmet ve katımızdan kalp yumuşaklığı ve ruh temizliği vermiştik. O, Allah'tan sakınan, anne babasına iyi davranan bir kimse idi. İsyancı bir zorba değildi." (19 Meryem/12-14)

6- Yusuf aleyhisselam.

Yusuf aleyhisselam da diğer nebi ve resuller gibi ana babasına iyilikte kusur etmemiş ve onlara son derece izzet-i ikramda bulunmuştur. Kendisine geldiklerinde onları bağrına basmış ve onları en üst makam olan tahta çıkarıp oturtmuştur. Kur'ân onun bu güzelliklerini şöyle anlatır:

$$\text{فَلَمَّا دَخَلُوا عَلَى يُوسُفَ آوَى إِلَيْهِ أَبَوَيْهِ وَقَالَ ادْخُلُوا مِصْرَ إِنْ شَاءَ اللهُ آمِنِينَ وَرَفَعَ أَبَوَيْهِ عَلَى الْعَرْشِ}$$

"(Mısır'a gidip) **Yusuf'un huzuruna girdiklerinde Yusuf ana babasını bağrına bastı ve 'Allah'ın iradesi ile güven içinde Mısır'a girin'** *dedi. Ve ana babasını tahta çıkarıp oturttu..."* (12 Yusuf/99,100)

BİR HATIRLATMA

Yusuf peygamberin ana babasını tahta çıkarmasından biz Müslümanların çok önemli bir ders çıkarmaları gerekmektedir. Taht, o günün devrinde saray için en üst makam olarak kabul edilirdi. Bir insanın tahta oturması demek, en üst makamı hak etmesi demekti.

Bugün ise şöyle bir kıyas yapabiliriz: Arabaların ön koltukları –resmî makamları istisna edersek– genel itibariyle önem arz eder ve büyükler için arka koltuklara nispetle daha ehemmiyetlidir. Büyük şahsiyetler öncelikle buralara oturtulurlar. Onların öne oturtulması kendilerine hürmetin bir göstergesidir. Yani o günün tahtı gibi değerli ve kıymetlidir. Ama derin bir üzüntüyle belirtmeliyim ki bugün bazı Müslümanlar hiçbir özür olmadığı halde anne babalarını arabanın arka koltuğuna, eşlerini ise ön koltuğa oturtmaktadırlar!

Böyle bir tavır Yusuf peygamberin tavrıyla ne kadar uyuşmaktadır?

Acaba eşlerine verdikleri değer ana babalarına verdikleri değerden daha mı fazladır? Yoksa ana babalarını ön koltuğa layık mı göremiyorlar?

Bu meseleyi hiç böyle bir bakış açısıyla düşünmemiştik belki ama bundan sonra düşünmeliyiz. Çünkü biz buna dikkat etmesek, önemsemesek de başkaları buna dikkat ediyor, önemsiyor ve muvahhid Müslümanların tavırlarını göz ucuyla gözlemliyorlar.

Lakin burada hemen bir parantez açarak bu meselenin istisnalarının olabileceğini ifade etmeliyiz: Kimi anne babalar rahatsızlıklarından veya başka hastalıklarından dolayı ön tarafa oturmayı tercih etmiyorlar. Ne kadar ısrar etseniz de onları öne oturtamıyorsunuz.

Böylesi bir durumda yapabilecek bir şey yoktur. Bir Müslüman tüm tekliflerine rağmen ebeveynini öne oturtamıyorsa o zaman hanımını öne alabilir. Hanımının ön koltukta, anne babasının arka tarafta oturduğunu gören diğer Müslümanların da meseleye hüsnüzan çerçevesinde bakmaları ve hemen adamcağızı hürmetsizlikle itham etmemeleri gerekmektedir.

İsimlerini zikrettiğimiz tüm bu peygamberlerin ortak özelliği, ana babalarına saygılı olmalarıdır. Onlar bizim örnek ve önderlerimiz olduğuna göre bizim her noktada olduğu gibi bu noktada da onları örnek almamız gerekmektedir.

SELEF-İ SÂLİHÎN DE BÖYLEYDİ

✔ Bir defasında İbn-i Ömer radıyallahu anhuma Mekke'ye gitmek üzere yola çıktı. Deveye binmekten usandığı zaman üzerinde istirahat edeceği bir merkebiyle başına sardığı bir de sarığı vardı. Bir gün eşeğin üzerinde dinlenirken bir bedeviye rastladı. Ona:

—Sen falan oğlu falan değil misin, diye sordu.

Adam:

—Evet, deyince eşeği ona verdi ve:

—Buna bin, dedi. Sarığı da ona uzatarak 'Bunu da başına sar' buyurdu.

Arkadaşlarından biri İbn-i Ömer'e:

—Allah seni bağışlasın! Üzerinde dinlendiğin eşek ile başına sardığın sarığı şu bedeviye boşuna verdin, deyince İbn-i Ömer radıyallahu anhuma şunları söyledi:

—Ben Rasûlullah sallallâhu aleyhi ve sellem'i: *'İyiliklerin en değerlisi, insanın babası öldükten sonra, baba dostunun ailesini kollayıp gözetmesidir'* buyururken duydum. Bu adamın babası, babam Ömer'in dostuydu.[5]

---

[5] Müslim, Birr, 11-13.

✔ Hz. Hüseyn'in oğlu İmam Zeynelabidîn radıyallahu anhuma, annesine son derece iyilikte bulunan birisi idi. Bir ara ona:

—Sen insanlar arasında anasına en iyi davrananlarındansın ama buna rağmen onunla oturup yemek yemiyorsun, denildi.

Bunun üzerine İmam Zeynelabidîn radıyallahu anhuma şöyle cevap verdi:

—Ben, annemin almak için baktığı lokmaya farkında olmaksızın elimin uzanmasından ve böylece ona kötülük etmiş olacağımdan korkuyorum.[6]

✔ Annesi bir defasında İbn-i Avn el-Müzenî *rahimehullah*'ı çağırmıştı. İbn-i Avn rahimehullah, ona icabet etmiş, lakin sesi annesinin sesini bastırmıştı. Bunun üzerine hatasının affedilmesi için iki köle âzad etti.[7]

✔ Ömer radıyallahu anh Yemen'den destek bölükleri geldikçe:

—Üveys ibn-i Âmir (Üveys el-Karânî)[8] içinizde mi? diye sorardı. Sonuçta Üveys'i buldu ve ona:

—Sen Üveys ibn-i Âmir misin, diye sordu. O da:

—Evet, dedi.

(Sonra aralarında şu konuşma geçti):

—Murad kabilesi, Karen kolundan mısın?

---

[6] Uyunu'l-Ahbâr, 3-97.
[7] Siyeru A'lami'n-Nübelâ, 6/366.
[8] Bu mübarek zat Türkiye'de "Veysel Karanî" diye bilinir, lakin asıl ismi üstte de geçtiği üzere "Üveys el-Karânî"dir.

—Evet.

—Sende alaca hastalığı vardı. Hastalığın geçti ancak bir dirhem büyüklüğünde bir yerde kaldı öyle mi?

—Evet.

—Annen var mı?

— Evet.

—Ben Rasûlullah sallallahu aleyhi ve sellem'i: 'Üveys ibn-i Âmir size Yemenli destek bölükleri içinde gelecektir. Kendisi Murad kabilesinin Karen kolundandır. Alaca hastalığına tutulmuşsa da iyileşmiştir. Sadece bir dirhem miktarı bir yerde kalmıştır. Onun bir annesi vardır, ona son derece iyi bakar. O, bir şeyin olması için Allah'a dua etse, Allah onun duasını kabul eder. Senin için mağfiret dilemesini temin edebilirsen fırsatı kaçırma, bunu yap' buyururken işittim. Şimdi benim için istiğfar ediver.

Üveys, Ömer için istiğfar etti.

Daha sonra Ömer radıyallahu anh:

—Nereye gitmek istiyorsun, diye sordu.

O:

—Kûfe'ye, dedi.

Ömer:

—Senin için Kûfe valisine bir mektup yazayım mı, dedi.

O:

—Fakir-fukara halk arasında olmayı tercih ederim, diye cevap verdi.

Aradan bir yıl geçtikten sonra Kûfe eşrafından bir kişi hacca geldi. Ömer radıyallahu anh'a rastladı. Ömer, kendisine Üveys'i sordu. O da:

—Ben buraya gelirken o, tamtakır denecek yıkık-dökük bir evde oturmakta idi, dedi.

Ömer:

—Ben Rasûlullah sallallahu aleyhi ve sellem'i 'Üveys ibn-i Âmir size Yemenli destek bölükleri içinde gelecektir. Kendisi Murad kabilesinin Karen kolundandır. Alaca hastalığına tutulmuşsa da iyileşmiştir. Sadece bir dirhem miktarı bir yerde kalmıştır. Onun bir annesi vardır, ona son derece iyi bakar. O, bir şeyin olması için Allah'a dua etse, Allah onun duasını kabul eder. Senin için mağfiret dilemesini temin edebilirsen fırsatı kaçırma, bunu yap' buyururken işittim, dedi.

O Kûfe'li adam hac dönüşü Üveys'e uğrayıp:

—Benim için mağfiret dile, diye ricada bulundu.

Üveys:

—Sen, güzel mübârek bir yolculuktan yeni geldin. Benim için sen dua et, dedi.

Adam, dua isteğinde ısrar edince Üveys:

—Sen Ömer'le mi karşılaştın, dedi.

Adam:

—Evet, dedi.

Bunun üzerine Üveys, o kişi için af ve bağışlanma dileğinde bulundu.

Bu olay üzerine halk Üveys'in kim olduğunu anladı. O da Kûfe'yi terk etti...⁹

Yine Ömer radıyallahu anh'ın şöyle dediği nakledilmiştir:

"Ben Rasûlullah sallallahu aleyhi ve sellem'i şöyle buyururken işittim: *Hiç şüphesiz tâbiîlerin en hayırlısı Üveys adındaki bir kimsedir. Onun bir anası vardır, alaca hastalığı geçirmiştir. Ona rastlarsanız sizin için istiğfar etmesini isteyiniz!*"¹⁰

✔ Abdullah İbn-i Mesud radıyallahu anh'ın annesi bir gece kendisinden su istemişti. İbn-i Mesud su getirmek için gitti, fakat geldiğinde annesinin uyumuş olduğunu gördü. Rahatsızlık veririm endişesi ile sabaha kadar su kabı ile başında bekledi. Uyanır da tekrar su ister ve beni bulamaz diyerek yanından ayrılmadı.¹¹

---

⁹ Müslim, Fadâilü's-sahâbe, 225.
¹⁰ Müslim, Birr, 224.
¹¹ Ve Bi'l-Valideyni İhsanâ, sf. 4

ANA BABAYA İTAAT MUTLAK İTAAT MİDİR?

Kur'ân ve Sünnet gözden geçirildiğinde, mutlak itaatin yalnız Allah'a ve Rasûlüne olması gerektiği görülür. Kayıtsız ve şartsız itaat edilecek tek merci Allah ve Rasûlüdür. Rabbimiz Nisa suresi 59. âyette şöyle buyurur:

$$\text{يَا أَيُّهَا الَّذِينَ آمَنُوا أَطِيعُوا اللهَ وَأَطِيعُوا الرَّسُولَ وَأُولِي الْأَمْرِ مِنْكُمْ فَإِنْ تَنَازَعْتُمْ فِي شَيْءٍ فَرُدُّوهُ إِلَى اللهِ وَالرَّسُولِ إِنْ كُنْتُمْ تُؤْمِنُونَ بِاللهِ وَالْيَوْمِ الْآخِرِ ذَلِكَ خَيْرٌ وَأَحْسَنُ تَأْوِيلًا}$$

"Ey iman edenler! Allah'a itaat edin. Peygamber'e itaat edin ve sizden olan ulu'l-emre de... Eğer herhangi bir hususta anlaşmazlığa düşerseniz, Allah'a ve ahiret gününe gerçekten iman ediyorsanız, onu Allah ve Resûlüne arz edin. Bu, hem daha iyidir, hem de sonuç bakımından daha güzeldir."

Bu ayette Rabbimiz, Allah ve Rasûlüne itaati zikrettiğinde "أَطِيعُوا / *itaat edin*" fiilini kullanmış, Müslüman olan idarecilere itaati zikrederken ise aynı fiili kullanmak yerine atıf harfi olan "vav" ile iktifâ etmiştir.

Acaba bunun hikmeti nedir?

Bunun hikmeti, üstte de izah etmeye çalıştığımız gibi Allah ve Rasûlüne itaatin mutlak oluşu, idarecilere itaatin ise Allah ve Rasûlüne bağlı kalmaları şartı ile kayıtlanmış olmasıdır. Yani bu, *"Onlar eğer Allah ve Rasûlüne bağlı kalır, itaat ederse siz o zaman onlara itaat edin"* anlamındadır.

Ulu'l-emr'e itaat böyle olduğuna göre, ana babaya itaat de bundan farklı değildir. Daha doğrusu Allah ve Rasûlünün dışında kalan herkes için söylenecek söz budur. Bunun içerisine ana baba da dâhildir. Yani ana baba eğer Allah ve Rasûlüne isyan olmayan bir şeyi emrederlerse her Müslümana itaat etmek düşer. Ama ne zaman ki onlar Allah ve Rasûlüne isyan olan bir şeyi emrederlerse o zaman dinlemekte yoktur, itaat de... Nitekim Rasûlullah sallallâhu aleyhi ve sellem bu hakikati dile getirmiş ve şöyle buyurmuştur:

لَا طَاعَةَ فِي مَعْصِيَةِ اللهِ إِنَّمَا الطَّاعَةُ فِي الْمَعْرُوفِ

"Allah'a isyan hususunda hiç bir itaat yoktur. İtaat ancak iyi şeylerdedir."[12]

Diğer bir rivayette ise şöyle buyrulur:

لا طاعة لمخلوق في معصية الخالق

"Yaratana isyan hususunda hiçbir yaratılmışa itaat yoktur."[13]

Bu hadiste yer alan "لمخلوق / *Hiçbir yaratılmışa*" ifadesi çok önemlidir. Eğer ortada Allah ve Rasûlüne isyan varsa hiçbir yaratılmışa, hiçbir mahlûka itaat

---

[12] Müslim, Kitabu'l-İmara, 40.
[13] Ahmed b. Hanbel rivayet etmiştir. Hadis sahihtir. Bkz. Sahîhu'l-Camii's-Sağîr, 7520.

yoktur. Bu ifadenin içerisine anne baba dâhil olduğu gibi, diğer insanlar da dâhildir. Buna göre ana-babaya itaatin sınırını Allah ve Rasûlüne isyan etmemek belirler.

ANA-BABAYA İTAATİN SINIRI

Ana-babaya itaati emreden ve bu noktada çok titiz kurallar koyan dinimiz, bu itaati kayıtsız bırakmamış, Allah ve Rasûlüne itaatle kayıt altına almıştır. İslam âlimlerinin zikretmiş olduğu şu maddelerin haricinde onlara itaat etmek her Müslümanın hatta her insanın en temel görevlerindendir. İtaat edilmesi yasaklanan maddeler şunlardır:

1-) Şirk ve Küfür

Allah'ın hakkı, tüm kulların haklarından önde olduğu için şirk ve küfür gibi insanı Rabbinin hakkını çiğnemeye sevk eden hususlarda kimseye itaat edilmez. Rabbimiz şöyle buyurur:

وَوَصَّيْنَا ٱلْإِنسَٰنَ بِوَٰلِدَيْهِ حَمَلَتْهُ أُمُّهُۥ ... وَإِن جَٰهَدَاكَ عَلَىٰٓ أَن تُشْرِكَ بِى مَا لَيْسَ لَكَ بِهِۦ عِلْمٌ فَلَا تُطِعْهُمَا ۖ وَصَاحِبْهُمَا فِى ٱلدُّنْيَا مَعْرُوفًا

"Biz insana anne babasına karşı iyi davranmasını emrettik... Bununla beraber eğer hakkında hiçbir bilgi sahibi olmadığın bir şeyi bana şirk koşman için seninle mücadele ederlerse onlara itaat etme. Fakat dünyada onlarla iyi geçin..." (31 Lokman/14, 15)

Bu ayet ebeveyne itaatin sınırını belirlemektedir. Şöyle ki: Eğer onlar çocuklarını şirke ve küfre zorlarlarsa çocuk onlara asla itaat etmeyecektir. *"Şirk koşman için seninle mücadele ederlerse onlara itaat etme!"* buyruğu bunun açık bir göstergesidir. Âyetin devamında yer alan *"Fakat dünyada onlarla iyi geçin"* ifadesi bizlere çok önemli bir hatırlatmada bulunmaktadır. Şöyle ki: Eğer onlar bizleri şirke zorlasalar bile biz onlara itaat etmemekle birlikte yine de onlarla iyi geçinecek ve onlara itaat etmezken bile asla onları rencide etmeyeceğiz. Bu konuda Üstad Mevdûdî şöyle der:

"Allah'ın yarattıkları arasında anne babanın hakları en üst seviyededir. Fakat anne baba kişiyi şirke zorlarsa onlara itaat edilmemelidir. Anne baba çocuklarının kendilerine hizmet etme, saygı gösterme ve helal şeylerde itaat etmeleri konusunda mutlak haklara sahiptirler. Fakat onların bir kişiyi körü körüne, gerçeklerden habersiz bir şekilde itaate zorlama hakları yoktur."[14]

Bugün bazı Müslümanlar Rabbimizin bu buyruğunu çiğnemekte ve ana babası kendilerini şirke zorladığında onlara en ağır ifadelerle hakaret etmekte, bağırıp çağırmakta, isyan etmektedirler. Oysa bu, birkaç açıdan çok yanlış ve hatalı bir davranıştır:

a) Nefse zulmetme bakımından hatalı bir davranıştır.

Böyle davranan birisi, Allah'ın açık ayetlerine ve kesin yasaklamalarına aykırı hareket ettiği için günaha

---

[14] Tefhîmu'l-Kur'an, 4/229.

girmiş ve nefsine zulmetmiştir. Ana babası haklarını helal etmezse yarın kıyamet gününde çok büyük bir azapla karşı karşıya kalabilir.

b) Berrak ve pak davetimize leke getirme açısından hatalı bir davranıştır.

Böyle davranan birisi, davetimizin onlara ulaştırılmasının önüne çok büyük bir set çekmiş ve onların davetimiz hakkında yanlış kanaate sahip olmalarına sebep olmuştur. Bu da âhirette çok büyük sorumluluklarla karşı karşıya kalınmasına neden olur.

c) Davetin sahibi olan Allah hakkında bir hatadır.

Böyle davranan birisi, ana babaya itaati emreden Rabbine karşı isyan etmiş ve ona karşı büyük bir cürüm işlemiştir. Bu da kıyamet günü hesabı zor verilecek bir husustur.

İşte bu nedenlerden dolayı ana babamıza iyi davranmamız, bizlere şirki bile emretseler —onlara asla itaat etmemekle birlikte— kendilerini kesinlikle rencide etmememiz gerekmektedir.

2-) Haramlar/Günahlar

Ebeveyne şirk ve küfür hususunda itaat etmek caiz olmadığı gibi, haram, günah ve masiyet gibi hususlarda da itaat etmek aynı şekilde caiz değildir. Bu hususta Rasûlullah sallallâhu aleyhi ve sellem şöyle buyurur:

لَا طَاعَةَ فِي مَعْصِيَةِ اللهِ إِنَّمَا الطَّاعَةُ فِي الْمَعْرُوفِ

"Yaratana isyan hususunda hiç bir mahlûka itaat yoktur. İtaat ancak iyi şeylerdedir."[15]

"Hiç bir mahlûka itaat yoktur" ifadesinin içerisine ana baba da dâhildir. Yani Allah'a isyanı emreden ana baba bile olsa onlara itaat edilemez.

3-) Farzların Terki

Eğer ebeveyn çocuklarına bir farzı terk etmeyi emrediyorsa çocuk onlara itaat edemez. Çünkü farzları terk etmek de masiyet/günah kapsamına girer.

Ebu Muhammed el-Makdisî ve beraberindeki ilim ehlinin oluşturduğu fetva kurulunun vermiş olduğu bir fetvayı burada aktarmanın faydalı olacağını düşünüyorum. Bir genç, tevhidî ve cihadî düşüncelerinden dolayı babası tarafından şiddetli baskılara maruz kalır. Öyle ki babası kendisini birkaç defa hastanelik edecek şekilde döver ve ilim tahsil ettiği sohbet halkalarına gitmeyi yasaklar. Çocuk da babasına itaat etmek için sohbetlere katılmayı terk eder ve fetva kuruluna *"Benim bu nedenle sohbetleri terk etmemin hükmü nedir"* şeklinde bir soru yöneltir. Soruya kurulun verdiği fetva şu şekildedir:

"Farz-ı ayn olan ilimleri tahsil etmek senin üzerine farzdır. Aynı şekilde mescitte cemaatle namaz kılman da böyledir.[16] *Baban seni bunlardan men ettiği*

---

[15] Müslim, Kitabu'l-İmara, 40.
[16] Hanbelî mezhebine ve bazı fakihlere göre namazları <u>cemaatle</u> kılmak farzdır. Fetva veren kurul bu görüşte olduğu için doğal olarak cemaatle namaz kılmayı farz kabul etmektedir. Namazların cemaatle kılınıp kılınmayacağı meselesi mezhepler arasında tartışmalı bir konudur. Hanefîler ve diğer bazı âlimler bunun farz olmadığını benimsemişlerdir. Allah en doğrusunu bilir.

zaman ona itaat edemezsin. Bu görevleri yerine getirebilmek için babana açıkça muhalefet ettiğini göstermeksizin kurnazca davranmalı ve bu görevleri yerine getirmelisin."

4-) Revâtib Olan Sünnetlerin Tamamen Terki

"*Revâtib*" kelimesi ile kastedilen; belirli vakitler için konulmuş sünnetlerdir. Bayram namazı, kurban ve benzeri ibadetler gibi...[17]

Cemaat ile namaz kılmak, sabah namazının sünneti ve vitir namazı gibi şeyler de buna dâhildir. Eğer ebeveyn çocuklarından bu tür ibadetleri sürekli olarak terk etmelerini isterlerse çocukların onlara itaat etmeleri caiz değildir.[18]

Buraya kadar izah etmeye çalıştığımız maddelerde bir Müslümanın ana babasına itaat etmesi caiz değildir. Bunun dışında, itaatin caiz olduğu yerlerde ebeveyn kâfir bile olsa çocukların onlara itaat etmesi ve rızalarını gözetmesi gereklidir. Bu, İslam'ın bizlerden istediği bir ameldir. Buna muhalefet etmek caiz değildir.

---

[17] Mehmet Erdoğan, "Fıkıh ve Hukuk Terimleri Sözlüğü", sf. 474.
[18] Bkz. el-Mevsuatu'l-Fıkhiyyetu'l-Kuveytiyye, 8/71.

ANNE BABALAR ÇOCUKLARINI FITRATEN SEVERLER

Ebeveyn ne kadar kötü olursa olsun şayet fıtratları bozulmamışsa çocuklarını sever ve onların iyi olmaları için mücadele ederler. Bu hüküm, Müslüman olmayan anne babalar için de geçerlidir.

Anne babaların çocuklarına karşı ayrı bir sevgisi vardır. Onların kötülüklerini hiç istemezler. Fıtratları bozulmadığı sürece kendi menfaatleri ile onların menfaatleri çakıştığında onları kendilerine tercih ederler. Anne-babaların çocuklarına olan sevgisini Rasûlullah sallallahu aleyhi ve sellem gözlerimizde şöyle canlandırmıştır:

Ömer İbnü'l-Hattâb radıyallahu anh anlatır:

"(Bir keresinde) Rasûlullah sallallahu aleyhi ve sellem'e ayrı düştüğü çocuğuna duyduğu özlemden dolayı rastladığı her çocuğu kucaklayan, göğsüne bastırıp emziren bir kadının da aralarında bulunduğu bir esir grubunu getirdiler. Rasûlullah sallallahu aleyhi ve sellem çevresindekilere (o kadını işaretle):[19]

---

[19] Bu ve benzeri hâdiselerden, Efendimiz'in, etrafında cereyan eden olaylardan sürekli dersler çıkardığını, yaşanan şeyleri ibret nazarıyla değerlendirdiğini ve insanların da bu şekilde bir değerlindirme yapması için onları düşünmeye sevk ettiğini rahatlıkla görebiliriz. Bu, gerçekten çok öenmli bir noktadır.

—Bu kadının çocuğunu ateşe atacağına ihtimal verir misiniz, diye sordu.

—Asla, atmaz, dedik.

Bunun üzerine Rasûlullah sallallahu aleyhi ve sellem şöyle buyurdu:

—İşte Allah Teâlâ, kullarına bu kadının yavrusuna olan şefkatinden daha merhametlidir."[20]

Bu hadis, bir annenin kolay kolay yavrusundan vazgeçemeyeceğini, onu her çeşit yaramazlığına rağmen şefkat ve hoşgörü ile seveceğini ifade etmektedir.

Yakup aleyhisselam'ın oğlu Yusuf aleyhisselam ile yaşadığı duygu yüklü kıssa da bizlere ebeveyn sevgisinin ne kadar büyük olduğunu ispat etmesi açısından çok önemlidir. Bilindiği üzere Yakup peygamber, yıllarca oğlunun hasreti ile yanmış ve en sonunda ona ağlamaktan ötürü gözlerini kaybetmişti. Aradan uzun yıllar geçmesine rağmen o, bu hasretini yenememiş ve her an oğlu Yusuf'u anıp durmuştu. Onun bu durumu, oğullarının dili ile Kur'ân'da şöyle dile getirilmiştir:

وَتَوَلَّى عَنْهُمْ وَقَالَ يَا أَسَفَى عَلَى يُوسُفَ وَابْيَضَّتْ عَيْنَاهُ مِنَ الْحُزْنِ فَهُوَ كَظِيمٌ قَالُوا تَاللَّهِ تَفْتَأُ تَذْكُرُ يُوسُفَ حَتَّى تَكُونَ حَرَضًا أَوْ تَكُونَ مِنَ الْهَالِكِينَ

"Onlardan yüz çevirdi ve: 'Vah Yûsuf'a vah!' dedi ve üzüntüden iki gözüne ak düştü. O artık acısını içinde saklıyordu. Oğulları: 'Allah'a yemin ederiz ki sen hâlâ Yusuf'u anıp

---

[20] Buhârî, Edeb 18; Müslim, Tevbe 22.

***duruyorsun. Sonunda üzüntüden eriyip gideceksin veya helâk olacaksın'* dediler."** *(12 Yusuf/84,85)*

Dolayısıyla bir Müslümanın, her ne kadar ebeveyni inanmış olmasa bile onları rencide etmekten son derece uzak durması gerekmektedir. Çünkü onlar, onun davet ve tebliğini her ne kadar kabul etmese bile, kendisine karşı duruyor gibi gözükseler de aslında ona karşı içlerinde bir sevgi ve merhamet beslemektedirler.

Kâfir bile olsalar ebeveynlerin çocuklarını sevdiklerinin en büyük göstergelerinden birisi, hastalandıkları zaman çocuklarının iyileşmesi için gayret göstermeleri ve gerektiğinde sabahlara kadar hastane köşelerinde başında beklemeleridir.

Yine aynı şekilde çocukları cezaevine düşse, ilk oraya gidecek ve ardını arayacak olan ebeveynleridir.

İşte bu hakikat gereği davetçi, her ne kadar daveti noktasında onlarla anlaşamasa da asla onları rencide etmemeli ve onların kendisini fıtratları gereği sevdiğini bilerek ara ara onların duygularını okşamalı ve onları kazanmanın peşinde olmalıdır.

CENNET ANALARIN AYAKLARI ALTINDADIR

Halk arasında meşhur olan ve yediden yetmişe herkesin dilinden düşmeyen الجنة تحت أقدام الأمهات / *Cennet annelerin ayakları altındadır*" hadisi senet itibariyle zayıftır.[21]

Bazı kimseler bu hadisin zayıf oluşu nedeniyle zikredilmemesi, dillendirilmemesi gerektiğini savunmaktadırlar. Oysa biz böyle düşünmüyor ve bu hadisi her ne kadar senet itibariyle zayıf olsa da mâ'nen başka sahih rivayetler tarafından desteklendiği için zikretmenin yanlış olmayacağı kanaatini taşıyoruz. Bu rivayeti destekleyen sahih hadislerden bir tanesi şu rivayettir:

Muaviye es-Sülemî radıyallahu anh anlatır:

"Rasûlullah sallallahu aleyhi ve sellem'e geldim ve:

—Ey Allah'ın Rasûlü! Allah yolunda cihad etmek istiyorum, dedim.

Bunun üzerine Rasûlullah sallallahu aleyhi ve sellem bana:

—Annen sağ mı, buyurdu.

---

[21] Bkz. Da'îfu'l-Camii's-Sağîr, 2666.

Ben:

—Evet, dedim.

Bu cevabı alınca Rasûlullah sallallahu aleyhi ve selem:

—*Onun ayağına sarıl (dizinin dibinden ayrılma), çünkü cennet oradadır*, buyurdu."[22]

Cennet annemizin ayağının altında veya dizinin dibindedir. Yani cennet onun rızasına bağlıdır. Eğer ona itaat eder, kendisini memnun edersek cenneti; isyan eder ve ağlatırsak cehennemi hak ederiz. Bu nedenle özellikle annelerimizi üzmemeye daha çok dikkat etmeli ve onların rızasını kazanabilmek için elimizden geleni yapmalıyız.

---

[22] Sahihu't-Terğîb ve't-Terhîb, 2484.

ÖNCE ANNE

Bir adam Rasûlullah sallallâhu aleyhi ve sellem'e gelerek:

—Kendisine en iyi davranmam gereken kimdir, diye sordu.

Rasûlullah sallallâhu aleyhi ve sellem:

—*Annendir,* buyurdu.

—Ondan sonra kimdir?

— *Annendir.*

—Ondan sonra kim gelir?

— *Annen.*

—Sonra kim gelir?

—*Baban,* cevabını verdi.[23]

Hamilelik döneminden tutun da evlenme çağına kadar çocuğun tüm sıkıntılarını çeken babadan önce annedir. Çocuğun doğumu, emzirilmesi, ihtiyaçlarının giderilmesi ve bu esnada çekilen uykusuzluk gibi sıkıntıların tamamı öncelikle anne tarafından üstlenilmektedir. Çocuğun eğitiminde de en büyük sorumluluk

---

[23] Buhârî, Edeb 2; Müslim, Birr 1.

anneye tevdi edilmiştir. Çocuk, belirli bir yaşa gelene dek yirmi dört saat annesinden ayrılamaz. Bu süre zarfında da çocuğun maddi ve manevi tüm ihtiyaçlarını karşılayan yine annedir. Allah yine de en iyisini bilir, herhalde bu tür haklardan dolayıdır ki, İslam'da anneye gösterilecek hürmet babanınkinden çok daha öncelikli ve mühim kabul edilmiştir.

وَوَصَّيْنَا الْإِنْسَانَ بِوَالِدَيْهِ إِحْسَانًا ۖ حَمَلَتْهُ أُمُّهُ كُرْهًا وَوَضَعَتْهُ كُرْهًا ۖ وَحَمْلُهُ وَفِصَالُهُ ثَلَاثُونَ شَهْرًا ۚ

"Biz insana ana babasına iyilikte bulunmasını vasiyyet ettik. Annesi onu zorlukla taşımış, zorlukla bırakmıştır. Onun taşınması ve sütten kesilmesi de otuz aydır." (46 Ahkâf/15)

وَوَصَّيْنَا الْإِنْسَانَ بِوَالِدَيْهِ حَمَلَتْهُ أُمُّهُ وَهْنًا عَلَىٰ وَهْنٍ وَفِصَالُهُ فِي عَامَيْنِ أَنِ اشْكُرْ لِي وَلِوَالِدَيْكَ إِلَيَّ الْمَصِيرُ

"Biz insana ana babasını (onlara iyilikte bulunmasını) vasiyyet ettik. Annesi onu güçsüzlük üzerine güçsüzlükle taşımıştır. Onun sütten kesilmesi de iki yılda olur. Bana ve ana babana şükret. Dönüş yalnız banadır." (31 Lokman/14)

BABA HAKKI ÖDENİR, AMA ANA HAKKI ÖDENMEZ!

İslam, bir insanın ne yaparsa yapsın, ne kadar iyi davranırsa davransın annesinin hakkını asla ödeyemeyeceğine hükmetmiştir. Ebû Bürde radıyallahu anh'ın anlattığına göre Abdullah ibn-i Ömer, Yemenli bir adamın sırtında annesini taşıyarak Kâbe'yi tavaf ederken şöyle demekte olduğuna şahit oldu:

"*Annemin zelil bir devesiyim ben,
Binekleri usansa da asla usanmam ben!*"

Sonra (Yemenli adam):

—Ey İbn-i Ömer! Ne dersin, annemin hakkını ödemiş oldum mu, dedi.

İbn-i Ömer radıyallahu anhuma:

—Hayır! Tek bir 'âh' çekmesini dahi karşılayamadın, dedi.[24]

Diğer bir rivayette Yemenli adam, anasının hakkını ödeyip ödemediğini sorduğunda İbn-i Ömer radıyallahu anhuma ona şöyle demiştir:

"*O seni taşırken senin yaşamanı isteyerek taşıyordu. Sen ise onun (bir an önce) ölmesini bekleyerek taşıyorsun! (Bu nedenle onun hakkını asla ödemiş*

---

[24] "el-Edebu'l-Müfred", hadis no: 11.

olmazsın.)"²⁵

Anne hakkının ödenemeyeceği malumdur. Baba hakkının ödenip-ödenmeyeceğine gelince, bu konuda Rasûlullah sallallâhu aleyhi ve sellem şöyle buyurur:

لا يجزي ولد والدًا إلا أن يجده مملوكًا فيشتريه فيعتقه

"Hiçbir evlâd babasının hakkını ödeyemez. Şayet onu köle olarak bulur ve satın alıp âzâd ederse ancak o zaman babalık hakkını ödemiş olur."²⁶

---

²⁵ Bkz. Ve Bi'l-Valideyni İhsanâ, sf. 3.
²⁶ Müslim, Itk 25.

BABANIN DA DUASI MAKBULDÜR

Baba hakkının ödenmesi onun konumunun kötü olduğu anlamına gelmez. Anne, çocuğun büyütülmesi esnasında çok daha fazla sıkıntı çektiği için Allah onun hakkını daha öncelikli ve fazla görmüştür. Ama çocuk üzerinde babanın hakkı da anneninkinden geri kalmaz. Allah'ın babaya verdiği büyük ikramlardan birisi, onun çocuğu için yapmış olduğu duanın kabulüdür. Bir baba ne kadar kötü olursa olsun, çocuğu için meşru bir işi samimiyetle istediğinde Allah onun duasını kabul edecektir. Rasûlullah sallallâhu aleyhi ve sellem şöyle buyurur:

"Şu üç dua mutlaka kabul edilecektir. Bunların kabul edileceğinde hiçbir şüphe yoktur: Zulme uğrayanın (mazlumun) duası, yolcunun duası ve babanın çocuğuna duası."[27]

Bu nedenle çocuklar, babalarını razı ederek onların hayır dualarına nail olmayı iyi bilmelidirler.

---

[27] Tirmizî, 1905.

ANA BABA BEDDUASI

Ebû Hureyre radıyallahu anh'dan rivayet edildiğine göre Rasûlullah sallallâhu aleyhi ve sellem şöyle buyurmuştur:

"Beşikte iken sadece üç kişi konuşmuştur. Bunlardan biri Meryem'in oğlu İsa, diğeri Cüreyc ile macerası olan çocuktur.

Cüreyc ibadete düşkün bir kimseydi. Bir mâbede yerleşip orada ibadet etmeye başladı. Bir gün annesi geldi ve:

—Cüreyc, diye seslendi.

Cüreyc kendi kendine *"Yâ Rabbî anneme cevap mı versem yoksa namazıma devam mı etsem?"* diye söylendi. Sonra namazına devam etti. Annesi de dönüp gitti.

Ertesi gün annesi yine Cüreyc namaz kılarken geldi ve

—Cüreyc, diye seslendi.

Cüreyc yine kendi kendine: *"Rabbim! Anneme mi cevap vermeliyim, yoksa namazıma mı devam etmeliyim?"* diye söylendi. Sonra namazına devam etti. Bir gün sonra annesi yine Cüreyc namaz kılarken geldi ve yine:

—Cüreyc, diye seslendi.

Cüreyc içinden *"Rabbim! Anneme cevap mı versem yoksa namazıma devam mı etsem?"* diye söylendi. Sonra da namazına devam etti.

Bunun üzerine annesi: *"Allah'ım! Fâhişelerin yüzüne bakmadan onun canını alma!"* diye beddua etti.

Bir gün İsrailoğulları, Cüreyc ve ibadete düşkünlüğü hakkında konuşuyorlardı. Güzelliği ile meşhur bir fahişe de oradaydı. Kadın:

—Eğer isterseniz ben onu baştan çıkarabilirim, dedi.

Vakit kaybetmeden Cüreyc'in yanına gitti. Fakat Cüreyc onun yüzüne bile bakmadı. Cüreyc'in ibadethanesinde yatıp kalkan bir çoban vardı. Kadın onunla ilişki kurarak çobandan hâmile kaldı. Çocuğunu dünyaya getirince onun Cüreyc'den olduğunu ileri sürdü. Bunu duyan halk Cüreyc'in yanına gelerek onu alaşağı ettiler ve ibadethanesini yıkarak kendisini dövmeye başladılar. Cüreyc

—Niçin böyle davranıyorsunuz, diye sorunca:

—Sen bu fahişe ile zina etmişsin ve senin çocuğunu doğurmuş, dediler.

Cüreyc:

—Çocuk nerede, diye sordu.

Çocuğu alıp ona getirdiler.

Cüreyc:

—Yakamı bırakın da namaz kılayım, dedi.

Namazını kılıp bitirince çocuğun yanına geldi ve karnına dokunarak:

Söyle bakalım çocuk, baban kim, diye sordu.

Çocuk:

—Babam falan çobandır, diye cevap verdi.

Bunu gören halk, Cüreyc'in ellerine kapanarak öpmeye ve ellerini onun vücuduna sürerek af dilemeye başladılar ve:

—Sana altın bir mâbed yapacağız, dediler.

Cüreyc:

—Hayır, eskiden olduğu gibi yine kerpiçten yapın, dedi.

Ona kerpiçten bir mâbed yaptılar..."[28]

---

[28] Buhârî, Mezâlim 35, Enbiyâ 48,54; Müslim, Birr 7.

ANA BABAYA İYİLİK DUALARIN KABULÜNE VESİLEDİR

Abdullah ibni Ömer radıyallahu anhumâ'dan rivayet edildiğine göre o, Rasûlullah sallallâhu aleyhi ve sellem'i şöyle buyururken dinlediğini söylemiştir:

"Sizden önce yaşayanlardan üç kişi bir yolculuğa çıktılar. Akşam olunca yatıp uyumak üzere bir mağaraya girdiler. Fakat dağdan kopan bir kaya mağaranın ağzını kapattı. Bunun üzerine birbirlerine *'Yaptığınız iyilikleri anlatarak Allah'a dua etmekten başka sizi bu kayadan hiçbir şey kurtaramaz'* dediler.

İçlerinden biri söze başlayarak:

—Allah'ım! Benim çok yaşlı bir annemle babam vardı. Onlar yemeklerini yemeden çoluk çocuğuma ve hizmetçilerime bir şey yedirip içirmezdim. Bir gün hayvanlara yem bulmak üzere evden ayrıldım, onlar uyumadan önce de dönemedim. Eve gelir gelmez hayvanları sağıp sütlerini annemle babama götürdüğümde baktım ki ikisi de uyumuş. Onları uyandırmak istemediğim gibi onlardan önce ev halkının ve hizmetkârların bir şey yiyip içmesini de uygun görmedim. Süt kabı elimde şafak atana kadar uyanmalarını bekledim. Çocuklar etrafımda açlıktan sızlanıp duruyorlardı. Nihayet uyanıp sütlerini içtiler. Rabbim! Şayet ben bunu senin rızanı kazanmak için yapmışsam şu kaya sıkıntısını başımızdan al, diye yalvardı. Kaya biraz aralandı, fakat çıkılacak gibi değildi.

Bir diğeri söze başladı:

—Allah'ım! Amcamın bir kızı vardı. Onu herkesten çok seviyordum. (Bir başka rivayete göre bir erkek bir kadını ne kadar severse ben de onu o kadar seviyordum) Ona sahip olmak istedim. Fakat o arzu etmedi. Bir yıl kıtlık olmuştu. Amcamın kızı çıkıp geldi. Kendisini bana teslim etmek şartıyla ona 120 altın verdim. Kabul etti. Ona sahip olacağım zaman (bir başka rivayete göre cinsî münasebete başlayacağım zaman) dedi ki:

'Allah'tan kork! Dinin uygun görmediği bir yolla beni elde etme!'

En çok sevip arzu ettiğim o olduğu halde kendisinden uzaklaştım, verdiğim altınları da geri almadım. Allah'ım! Eğer ben bu işi senin rızanı kazanmak için yapmışsam başımızdaki sıkıntıyı uzaklaştır, diye yalvardı. Kaya biraz daha açıldı fakat yine çıkılacak gibi değildi.

Üçüncü adam da:

—Allah'ım! Vaktiyle ben birçok işçi tuttum. Parasını almadan giden biri dışında hepsinin ücretini verdim. Ücretini almadan giden adamın parasını çalıştırdım. Bu paradan büyük bir servet türedi. Bir gün bu adam çıkageldi. Bana:

—Ey Allah'ın kulu! Ücretimi ver, dedi.

Ben de ona:

—Şu gördüğün develer, sığırlar, koyunlar ve köleler senin ücretinden türedi dedim.

Adamcağız:

—Ey Allah'ın kulu! Benimle alay etme, deyince,

—Seninle alay etmiyorum, diye cevap verdim.

Bunun üzerine o geride bir tek şey bırakmadan hepsini önüne katıp götürdü. Rabbim! Eğer bu işi sırf senin rızanı kazanmak için yapmışsam içinde bulunduğumuz sıkıntıdan bizi kurtar diye yalvardı. Mağaranın ağzını tıkayan kaya iyice açıldı, onlar da çıkıp gittiler."[29]

Bu hadisin ilk kısmında zikredilen kıssadan anladığımıza göre, bir insan eğer ebeveynini razı eder, onları çoluk çocuğundan daha üstün tutarsa, Allah en zor anlarında bile onun dualarını kabul eder, sıkıntılarını giderir.

Bu nedenle ebeveynimizi razı ederek dualarımızın kabulüne zemin hazırlamayı ihmal etmemeliyiz.

[29] Buhârî, Büyû 98; Müslim, Zikir, 100.

ANA BABAYA İYİ DAVRANMAYLA ALAKALI BAZI HADİSLER

1-) Abdullah İbni Mes'ûd radıyallahu anh anlatır:

Rasûlullah sallallâhu aleyhi ve sellem'e şöyle sordum:

—Allah'ın en çok beğendiği amel hangisidir?

—*Vaktinde kılınan namazdır.*

—Sonra hangi ibadet gelir?

—*Ana ve babaya iyilik ve itaat etmek.*

—Daha sonra hangisi gelir?

—*Allah yolunda cihâd etmek.*[30]

2-) Bir adam Peygamber aleyhisselâm'ın yanına gelerek:

—Hicret ve cihâd etmek üzere sana biat ediyorum. Bunların sevabını Allah'tan dilerim, dedi.

Rasûlullah sallallâhu aleyhi ve sellem adama şöyle sordu:

—*Ana ve babandan hayatta olanlar var mı?*

— Evet, her ikisi de hayatta.

—*Allah'tan sevap kazanmak istiyorsun değil mi?*

---

[30] Buhârî, Mevâkît 5; Müslim, Îmân, 137.

— Evet.

—Ana ve babanın yanına dön. Onlara iyi bak![31]

3-) *"Allah'ın rızası, ana-babanın razı edilmesine bağlıdır. Allah'ın gazabı da ana babanın gazabındadır."*[32]

4-) Bir adam Peygamber sallallâhu aleyhi ve sellem'e geldi ve:

—Ana babamı ağlar bırakarak hicret etmek üzere sana biat etmeye geldim, dedi.

Bunun üzerine Rasûlullah sallallâhu aleyhi ve sellem adama:

—*Onlara dön, onları nasıl ağlattınsa öylece sevindir ve güldür,* buyurdu.[33]

5-) Cihada gitmek isteyen bir adam Rasûlullah sallallâhu aleyhi ve sellem'e geldi. Rasûlullah sallallâhu aleyhi ve sellem ona:

—*Ebeveynin hayatta mı,* diye sordu.

Adam:

—Evet, deyince, Rasûlullah sallallâhu aleyhi ve sellem:

—*O halde git ve onlar uğrunda cihad et (onlar için gayret et, çabala),* buyurdu.[34]

---

[31] Buhârî, Cihâd 138, Edeb 3; Müslim, Birr 6.
[32] Tirmizi, 1899.
[33] "el-Edebu'l-Müfred", hadis no: 19.
[34] "el-Edebu'l-Müfred", hadis no: 20.

ANNE-BABAYA İSYANLA ALAKALI BAZI HADİSLER

1-) *"Günahların en büyüğü Allah'a şirk koşmak, (haksız yere) adam öldürmek, ana babaya isyan etmek ve yalan şahitlikte bulunmaktır."*[35]

2-) Rasûlullah sallallâhu aleyhi ve sellem: *"Bir kimsenin kendi ana babasına sövmesi büyük günahlardandır"* buyurmuştu.

Bunun üzerine Ashâb-ı kirâm:

—Yâ Rasûlallah! İnsan kendi ana babasına hiç söver mi, deyince, Rasûlullah sallallâhu aleyhi ve sellem:

—Evet, tutar birinin babasına söver, o da onun babasına söver. Birinin anasına söver, o da onun anasına söver (böylece kendi ana babasına sövmüş olur), buyurdu.[36]

3-) Rasûlullah sallallâhu aleyhi ve sellem: *"İnsanın kendi ana babasına lânet etmesi en büyük günahlardandır"* buyurmuştu.

Bunun üzerine Ashâb-ı kirâm:

---

[35] Buharî rivayet etmiştir.
[36] Müslim, Îmân 146.

—Yâ Rasûlallah! Bir kimse kendi ana babasına nasıl lanet eder, deyince, Rasûlullah sallallâhu aleyhi ve sellem:

—Tutar birinin babasına söver, o da onun babasına söver. Adamın anasına söver, o da onun anasına söver (böylece kendi ana babasına lanet etmiş olur), buyurdu.[37]

4-) Rasûlullah sallallâhu aleyhi ve sellem şöyle buyurmuştur:

"Allah Teâlâ size ana babaya itaatsizlik etmeyi, verilmesi gerekeni vermeyip almaya hakkı olmayan şeyi istemeyi ve kız çocuklarını diri diri toprağa gömmeyi haram kılmış; dedi kodu yapmayı, çok soru sormayı ve malı israf etmeyi de mekruh kılmıştır."[38]

5-) Cabir radıyallahu anh anlatır: Rasûlullah sallallahu aleyhi ve sellem minbere çıkmıştı. Birinci basamağa çıktığında *"Âmin"* dedi. İkinci basamağa çıktığında yine *"Âmin"* dedi. Üçüncü basamağa çıktığında tekrar *"Âmin"* dedi. Bunun üzerine Ashab-ı Kiram:

—Ya Rasûlallah! Üç kere 'Âmin' dediğini işittik. Acaba bu neden, dediler.

Rasûlullah *sallallahu aleyhi ve sellem* onlara şöyle cevap verdi:

—Birinci basamağa çıktığımda Cibril geldi ve: 'Ramazana erişip sonuna ulaştığı halde affedilmeyi beceremeyen kul bedbaht olsun!' dedi. Ben de

---

[37] Buhârî, Edeb 4.
[38] Buhârî, İstikrâz 19, Edeb 6, Zekât 53; Müslim, Akdıye 10-14.

'Âmin' dedim. Sonra Cebrail *'Ana-babasına veya ikisinden birisine erişip onları kendisi için cennet vesilesi kılmayı başaramayan kul bedbaht olsun!'* dedi. Ben de 'Âmin' dedim. Sonra *'Yanında anıldığın halde sana salât etmeyen kul bedbaht olsun!'* dedi. Ben de 'Âmin' dedim."[39]

6-) Rasûlullah sallallahu aleyhi ve sellem:

—Burnu yerde sürtülsün! Burnu yerde sürtülsün! Burnu yerde sürtülsün, buyurdu.

Kendisine:

—Kimin ey Allah'ın Rasûlü, diye sorulduğunda Rasûlullah sallallahu aleyhi ve sellem:

—*Anne ve babasına veya onlardan sadece birine yaşlılık günlerinde yetişip de cennete giremeyen kimsenin,* buyurdu.[40]

7-) Ebu't-Tufeyl şöyle anlatır:

"Ali radıyallahu anh'a:

—Rasûlullah sallallâhu aleyhi ve sellem'in insanlara söylemediği, size özel olarak bildirdiği bir şeyi oldu mu, diye sorulduğunda Ali radıyallahu anh şu cevabı verdi:

—Rasûlullah sallallâhu aleyhi ve sellem şu kılıcımın kınında bulunan (kâğıttakiler) müstesna insanlara ait kılmaksızın bize özel bir şey söylemedi. Sonra (kılıcın kınından) bir sayfa çıkardı, orada şu yazılıydı:

"Allah adından başkasına (putlara veya şahıslara)

---

[39] "el-Edebu'l-Müfred", 644.
[40] Müslim, Birr 9, 10.

hayvan kesene Allah lanet etsin. Arazinin sınır taşlarını değiştirene Allah lanet etsin. Ana babasına lanet edene Allah lanet etsin. Bir bidatçiyi himaye edene Allah lanet etsin."[41]

---

[41] Sahîhu'l-Camii's-Sağîr, 9243.

ANNE-BABAYA İSYANIN ('UKÛKUN) YANSIMALARI

Arap dilinde ebeveyne isyan etmek, asi olmak "Ukûk" kelimesi ve türevleri ile ifade edilir. Yani "Ukûk" demek anne babaya isyan etmek, sözlerini dinlememek, onlara karşı çıkmak, onları takmamak ve tam manasıyla onlara karşı âsi bir tavır içerisinde olmak, demektir.

Anne babaya isyanın bir takım göstergeleri ve yansımaları vardır. Bir insanın anne babasına isyan edip etmediğini, itaatkâr olup olmadığını buradan bilebiliriz. Eğer aşağıda sıralayacağımız maddeleri kişi işliyor ve bunlara dikkat etmiyorsa o, ebeveynine âsi davranan ve itaatten uzak olan bir kimsedir. Şimdi anne babaya isyanın gösterge ve yansımaları nelerdir bunları görelim:

1. Anne Babayı Ağlatmak

Bir insan hangi şekil ve surette olursa olsun eğer anne babasını ağlatıyor ve onları üzüyorsa o kişi ebeveynine isyan eden ve onlara karşı asi davranan kimselerden demektir. Anne babayı ağlatmak ve üzmek bir kaç şekilde olur:

a- Söz ile,

b- Davranışlar ile,

c- Sebebiyet ile.

Kişi eğer ebeveynine hakaret ediyor, olmadık sözler söylüyor ve onları rencide edecek tarzda kelime ve cümleler sarf ediyorsa bu kişi söz ile onları üzüyor demektir. Onlara sövmek ve küfretmek de bu kapsamda değerlendirilir.

Kişi eğer ebeveynini hareket ve davranışları ile veya onlara göstermiş olduğu tavırlar ile rencide ediyorsa o zaman davranış ile onları üzüyor demektir. Dövmek, darp etmek ve onları itip kalkmak da bu kısma dâhildir.

Kişi fiilen bu davranışlardan hiçbirisini yapmıyor ama bunlardan birisini bir başkasının yapmasına sebebiyet veriyorsa yine ebeveynine isyan eden kimse hükmünü alır. Yani çocuk ana babasına asla sövmüyor ve hakaret etmiyordur, aynı şekilde onları asla darp edip dövmüyordur, ama yaptığı işlerle başkalarının bunu yapmasına sebebiyet veriyordur. İşte o zaman da tıpkı ana babasına söven veya onları döven kimse hükmünü alır. Önceki satırlarda zikretmiş olduğumuz şu hadis bunun açık bir göstergesidir:

Rasûlullah sallallâhu aleyhi ve sellem:

—Bir kimsenin kendi ana babasına sövmesi büyük günahlardandır" buyurdu.

Ashâb-ı Kirâm:

—Ya Rasûlallah! İnsan kendi ana babasına hiç söver mi, diye sual etti.

Bunun üzerine Rasûlullah sallallâhu aleyhi ve sellem:

—Evet, tutar birinin babasına söver, o da onun babasına söver. Birinin anasına söver, o da onun anasına söver (böylece kendi ana babasına sövmüş olur), buyurdu.[42]

Diğer bir rivayette Rasûlullah sallallâhu aleyhi ve sellem, anne babamıza sövülmesine sebebiyet vermememiz gerektiğini çok açık ifadelerle dile getirmiştir.

Yanında yaşlı bir zat olan bir adam Rasûlullah sallallâhu aleyhi ve sellem'e gelmişti. Rasûlullah sallallâhu aleyhi ve sellem adama:

—Ey falanca! Beraberindeki bu adam da kimdir, diye sordu.

Adam:

—Babamdır, diye cevap verince Rasûlullah sallallâhu aleyhi ve sellem adama:

—O senin babansa, sakın ha önünde yürüme, ondan önce oturma, ismiyle hitap etme ve sövülmesine sebep olma, buyurdu.[43]

2. Anne-Babaya Oflayıp Puflamak Bıkkınlık Göstermek

Kişi, ebeveyninin işlerini oflayıp puflayarak veya istemeden yaparak yerine getirse yine de onlara isyan etmiş sayılır. Bu şekilde onların isteklerini yerine getirmek Allah katında makbul bir şey değildir. İslam onların işlerini en samimi duygularla ve içtenlikle ye-

---

[42] Müslim, İmân 146.
[43] Mecmeu'z-Zevâid, 13396 numaralı rivayet.

rine getirmeyi insana emretmiştir. Dolayısıyla insan her ne zaman bunun aksini ortaya koyarsa Allah'a isyan etmiş ve ebeveynine asi olmuş olur.

3. Surat Asmak, Kaş Çatmak

Ebeveynlerimiz bizden bir şey istedikleri veya her hangi bir talepte bulundukları zaman isteksizliğimizi kaş çatarak veya surat asarak izhar etmemiz de onlara isyan kapsamındadır ve bunun açık bir yansımasıdır. Biz küçükken onlar bizim ihtiyaçlarımızı nasıl canla başla karşılamışlarsa, bizim de onların ihtiyaçlarını canla başla karşılamamız ve bunu yaparken asla onları rencide etmememiz gerekmektedir.

4. Emrivaki Suretiyle İş Buyurmak

Kişinin ebeveynine, özellikle de annesine emrivaki şeklinde iş buyurması onlara isyanın en bariz yansımalarındandır. *"Evi süpür!"*, *"Yemek yap!"*, *"Şunu getir!"*, *"Bunu ver!"* gibi lafızlarla onlardan bir şeyler istemek son derece yanlıştır. Onlardan bir şey mi isteyeceğiz, o zaman bunu en nazik ve en güzel ifade tarzıyla dile getirmemiz gerekmektedir. Aksi halde onlara isyan etmiş oluruz.

5- Yaptıklarını Eleştirmek

Anne-babaların yaptıklarını usulsüzce eleştirmek de onlara kötü davranmanın yansımalarından birisidir. Onlar bir işi hatalı bile yapsalar, bize düşen onu en güzel şekilde onarmaya çalışmaktır. Örneğin annemiz bir yemek pişirdi. Onun yaptığı yemeği beğenmemek, onun kötü olduğunu söylemek veya beğenmediğimizi dile getirmek onu üzecek ve rencide edecektir. Hem böylesi bir eleştiride iki sakınca mevcuttur:

a- Yemeği kötülemek ki bu, Rasûlullah sallallâhu aleyhi ve sellem'in ahlâkına terstir. Ebu Hureyre radıyallahu anh şöyle demiştir:

*"Rasûlullah sallallâhu aleyhi ve sellem asla bir yemeği ayıplamamış, kötülememiştir. Hoşuna giderse yer, hoşuna gitmezse yemezdi."*⁴⁴

b- Anneye karşı edepsizlik...

İşte bu nedenlerden dolayı onların yaptıklarını eleştirmekten uzak durmalı, en güzel biçimde hatalarını düzeltmeye çalışmalıyız.

6. Yardımlarını Terk Etmek

Anne-babaların yardımlarını terk etmek, özellikle de yardıma en çok muhtaç oldukları yaşlılık dönemlerinde onları yalnız bırakmak onlara isyanın en bariz yansımalarındandır. Bugün nice insan ebeveynini yaşlılık dönemlerinde kendi hallerine terk etmekte, ona en çok ihtiyaç duydukları anda onları yüzüstü bırakmaktadırlar. Oysa onlar biz yardıma muhtaç olduğumuz bebeklik çağımızda, sırf bizim rahatımız için kendi rahatlarını terk ettiler; yemediler yedirdiler, içmediler içirdiler. Onların yaptığı bu iyiliğin karşılığı böyle mi olmalı?

هَلْ جَزَاءُ ٱلْإِحْسَٰنِ إِلَّا ٱلْإِحْسَٰنُ

"İyiliğin karşılığı iyilikten başka bir şey midir?" (55 Rahman/60)

---

⁴⁴ Buhari ve Müslim rivayet etmiştir.

İslam kâfir bile olsalar anne babaya hürmeti, itaati ve yardım edilmesini emretmiştir. İslam'ın haricinde hiçbir din anne babaya bu kadar değer vermemiştir. İşte batı medeniyeti! Ebeveynlerinin işleri bittiğinde ya onları terk etmekteler ya da bir huzur evine hapsetmekteler. Anne babaları unutmamak için kendilerince yaptıkları en iyi şeylerden birisi, yılda bir kere anneler günü veya babalar günü kutlamak, onlara hediye almak, onları ziyaret etmek!

Onları gözetmek, onlara merhamet etmek, bakımlarını üstlenmek nerede?

Maalesef, kâfirlerin bu adetlerinden etkilenen kimi tevhid ehli Müslümanlar da anne babalarını yaşlılık dönemlerinde huzur evlerine bırakmaktalar. Allah hiçbirimizi imtihan etmesin, gerçekten zor bir sınav ama onların huzurevine terk edilmeleri bizim değerlerimizle, dinimizin anne babaya gösterilmesine dair emretmiş olduğu ahlâk ilkeleri ile hiç bağdaşmamaktadır. Yani huzur evi kültürü bizim dinimizde yoktur. Batıdan ithal edilmiş sancılı bir şeydir.

Bir Müslüman nasıl olur da Batı'nın üretmiş olduğu bu sıkıntılı âdeti kendi ana babası üzerinde uygular? Nasıl olur da yardıma en çok ihtiyaç duydukları bir anda ebeveynini huzur evine terk eder? Acaba buralar gerçekten de huzurevi midir, yoksa huzurevi diye adlandırılmış çile yurtları mıdır?

Bir anne baba her gün çocuklarının hasreti ile yanıp dururken nasıl huzur duysun, rahat olabilsin ki?! Acaba onlar da, çocukları daha bebek iken kendisini çocuk yuvasına mı terk etmeliydiler? Tüm bunları iyi düşünmeli ve gerçek huzurun evde olduğunu, huzur evinde olmadığını bilmeliyiz.

Allah'tan yazdıklarımız ve okuduklarımızla bizleri imtihan etmemesini diliyoruz.

7. Sözlerini Dinlememek

Anne babaya isyanın yansımalarından bir diğeri de onların sözlerini dinlememektir. Allah'tan korkup sakınan ve dinini bilen bir anne-baba, asla çocuklarının kötü olmasını istemez. Bu nedenle de ona hep hayrı, iyiliği ve güzel şeyleri tavsiye ederler. Eğer çocuk onların bu tavsiyelerine kulak vermez ve emrettiklerinin aksini yaparsa onları üzmüş ve âsi davranmış olur. Bugün bazı çevrelerde anne-babalarını "Eski Kafalı" sayan, sapık cereyanlara kendilerini kaptırmış züppe gençler vardır. Bunlar kendilerini daha bilgili, ileri ve modern insanlar olarak görürler. Bu sapık düşüncelere kendilerini kaptıranlar ilahî nizama karşı gelen, binlerce yıllık ahlakî kuralları hiçe sayan zavallılardır. Sonları elbette felaket ve çöküntüdür.[45]

8. Eşi, Anne Babaya Tercih Etmek

Kişinin anne babasını geri plana atıp eşine daha fazla değer vermesi, onu onlardan üstün görmesi, eşinin görüşleri ile ebeveyninin görüşleri çatıştığı zaman eşininkini anne-babanınkine tercih etmesi ve bunun gibi eşini anne-babadan üstün tutma anlamına gelen diğer işleri yapması isyanın bir diğer yansımasıdır. Böyle yapan birisi anne babasına âsi olmuş kabul edilir. Bugün nice insanın anne babasını bir tarafa atıp eşine daha fazla değer verdiğini, onu onlara tercih et-

---

[45] Görgü Kuralları Ansiklopedisi, 2/107.

tiğini görmekteyiz. Oysa durum ve şartlar ne olursa olsun kişi, hiçbir zaman eşine ana babasından daha fazla değer ve önem veremez. İslam bunu yasaklamıştır. Eş atılır, terk edilebilir; ama ana baba atılıp terk edilemez! Hatta dünyanın en zalim ve en günahkâr insanları bile olsalar, ihtiyaç durumunda onları terk etmek suretiyle yalnız bırakmak asla caiz değildir. Bu nedenle kendimizi tekrar gözden geçirmeli ve bilinçaltımızda ebeveynimizin mi, yoksa eşimizin mi daha değerli olduğunu değerlendirmeliyiz.

9. Bazı Münkerleri Huzurlarında İşlemek

Bir takım münkerâtı anne babanın huzurunda işlemek de aynı şekilde onlara isyanın yansımalarından kabul edilmiştir. Bunun birçok örneği olmakla birlikte biz sadece sigarayı örnek vereceğiz. Bu gün bazı gençler ebeveyninin yanında çok rahat bir şekilde, hiç istiflerini bozmadan sigara içebilmekte ve bunun onlara saygı ile bir alakası bulunmadığını öne sürmektedirler. Oysa gerek sigara olsun gerekse diğer günahlar, bunları onların huzurunda işlemek İslam kültüründe saygısızlık olarak telakki edilir. Reddettiğimiz Batı kültürüne gelince; onların bozuk ve çarpık zihniyetinde bu tür günahları anne baba huzurunda yapmakla sıradan bir insanın huzurunda yapmanın arasında en ufak bir fark yoktur. İnsan bir işi yapıyorsa onu her yerde ve herkesin huzurunda yapmalıdır! İşte onların çarpık zihniyetine göre bu tür münkerlerin annebabanın huzurunda işlenmesinin onlara saygı ile bir alakası yoktur.

Bizde ise günahları bazı zaman ve mekânlarda işlemek, yerine göre diğer zaman ve mekânlarda işlemekten daha farklı değerlendirilir. Örneğin içkiyi sıradan bir yerde içmek vardır, bir de cami gibi kutsal olan bir mekânda içmek vardır. Hiç bu ikisinin günahı eşit olur mu?

Aynı şekilde içkiyi sıradan bir günde içmek vardır, bir de Ramazan gibi kutsal olan bir günde içmek vardır. Hiç bu ikisinin günahı aynı olur mu?

İşte aynı bunun gibi, günahı sıradan bir insanın yanında işlemek vardır, bir de ebeveyn gibi Allah'ın değer verilmesini ve tebcil edilmesini farz kıldığı insanların yanında işlemek vardır. Hiç bu ikisinin günahı bir olur mu?

Biz Batı kültürünü, kokuşmuş değerlerini, çarpık medeniyet anlayışlarını onlara geri iade ediyor ve aslımıza, yani İslamımıza tekrar dönmemiz gerektiğini, onun değer yargılarını, kültür ve medeniyet anlayışını kabul etmemizin zorunlu olduğunu söylüyoruz. Zaten Batı'nın bize model olarak sunduğu medeniyet "mim" harfi kaldırılmış medeniyettir. Yani "deniyyettir." Medeniyetin "me" harfini kaldırdığınız zaman geriye "deniyyet" kalır. Deniyyet kelimesi ise Arapçada "alçaklık", "düşüklük", "rezillik" gibi anlamlara gelir. Yani onların medeniyeti aslında alçaklık, düşüklük ve rezillik anlamına gelen deniyyetten ibarettir. Onların deniyyetlerine hamdolsun bizim ihtiyacımız yoktur.

Netice olarak diyoruz ki: Müslüman evlatların anne babalarının huzurunda sigara içmek gibi bir lüksleri olamaz. Bu en azından onların kadr-u kıymetlerini takdir edememek demektir. Bir Müslüman normal zamanlarda bile sigara içmemeli iken, nasıl olur da ebeveyninin huzurunda bu melaneti içebilir?

10. İzinleri Olmaksızın Evden Ayrılmak, Onları Endişelendirmek

Bazı kardeşlerimizin yapmış olduğu hatalardan bir tanesi de budur. Yani ebeveyninin izni olmaksızın sağa-sola gitmek, onlar izin vermediği halde bir yerlere takılıp onları tedirgin ve endişeli bir vaziyette bırakmak. Bu da anne babaya isyanın yansımalarından birisidir. Eğer anne baba meşru bir çerçevede çocuklarının bir yerlerde takılmasını istemiyorlarsa çocukların, bu noktada kesinlikle onlara itaat etmeleri ve sözlerinden çıkmamaları gerekmektedir. Aksi halde Allah nezdinde günaha girmiş ve büyük bir suç işlemiş olurlar.

Lakin burada bu işin tek bir istisnası vardır, o da önceki satırlarda zikretmiş olduğumuz üzere çocukların farz ilimleri tahsil etmek üzere sohbet veya derslere gitmeleri ve ebeveynlerinin bu konuda onları engellemesi... Bu konuda onlara itaat edilmez, ama itaat edilmezken kendilerini rencide etmek veya benzeri kötü davranışlarda bulunmak da caiz değildir. Önemine binaen önceki sayfalarda bu konuya dair âlimlerimizin vermiş olduğu bir fetvayı burada tekrar etmenin yararlı olacağını düşünüyorum

Bir genç, tevhidî ve cihadî düşüncelerinden dolayı babası tarafından şiddetli baskılara maruz kalır. Öyle ki babası, kendisini birkaç defa hastanelik edecek şekilde döver ve ilim tahsil ettiği sohbet halkalarına gitmeyi yasaklar. Çocuk da babasına itaat etmek için sohbetlere katılmayı terk eder ve fetva kuruluna *"Benim bu nedenle sohbetleri terk etmemin hükmü nedir"* şeklinde bir soru yöneltir. Soruya kurulun verdiği fetva şu şekildedir:

"*Farz-ı ayn olan ilimleri tahsil etmek senin üzerine farzdır. Aynı şekilde mescitte cemaatle namaz kılman da böyledir. Baban seni bunlardan men ettiği zaman ona itaat edemezsin. Bu görevleri yerine getirebilmek için babana açıkça muhalefet ettiğini göstermeksizin kurnazca davranmalı ve bu görevleri yerine getirmelisin...*"

Bu zikrettiğimiz şeyler, anne babaya isyanın yansımalarından bazılarıdır. Bunların haricinde de onlara isyan kapsamında değerlendirilebilecek bazı hususlar vardır. Bunlar:

1- Görüşlerine değer vermemek,

2- Kınamak, ayıplamak,

3- Borçlandırmak gibi onları zora sokacak işlere girişmek,

4- Dövmek, vurmak, darp etmek,

5- Kendilerine karşı cimri davranmak,

6- Yapılan iyilikleri başa kalkmak,

7- Yok olmalarını dilemek, bir an önce ölmelerini istemek...

Bütün bunlardan Müslümanın uzak durması ve Rabbini razı edecek işlerle ebeveynine muamele etmesi gerekmektedir.

EBEVEYNE İSYAN SAYILMAYAN HUSUSLAR

1- Çocuğun anne babası aleyhinde Allah için şahitlikte bulunması. Rabbimiz şöyle buyurur:

$$\text{يَا أَيُّهَا الَّذِينَ آمَنُوا كُونُوا قَوَّامِينَ بِالْقِسْطِ شُهَدَاءَ لِلَّهِ وَلَوْ عَلَى أَنْفُسِكُمْ أَوِ الْوَالِدَيْنِ وَالْأَقْرَبِينَ}$$

"Ey iman edenler! Kendiniz, ana babanız ve en yakınlarınızın aleyhine de olsa Allah için şahitlik yaparak adaleti titizlikle ayakta tutan kimseler olun." (4 Nisâ/135)

2- Özellikle hata sonucu gerçekleşen ölümlerde ebeveyninin kâtilini affetmesi,

3- Adaletin açığa çıkması adına onlarla mahkemeleşmesi,[46]

4- Kendisine yaptıkları bir zulümden dolayı meselesini (İslamî) yargıya taşıması,

5- Sefih bir anne veya babaya 'hacr' koydurması,

6- Hatalarında onlara ittiba etmemesi,

7- Günahı emrettiklerinde itaat etmemesi,

---

[46] Bu noktada mahkemenin İslam kanunları ile hükmeden bir mahkeme olması gerekir. Aksi halde tağutun hükmü olur ki, ona müracaat asla caiz değildir.

8- Hatalı olduğuna inandığı bir işten dolayı kendilerini sorgulaması, niçin yaptıklarını açıklamasını istemesi,

9- Güzel ve İslamî olmayan isimlerden dolayı çocuklarını onların adlarıyla adlandırmaktan uzak durması,

10- Anam babam feda olsun gibi lafızlarla bir başkasına iltifatta bulunması. Burada ana babasını o zatın önüne geçirmek gibi bir anlam olsa da, hakikatte mesele öyle değildir. Mesela Rasulullah sallallâhu aleyhi ve sellem, Sa'd b. Ebî Vakkas için: *"At, anam babam sana feda olsun!"* demiştir. Bu nedenle böylesi lafızları kullanmak caiz görülmüştür,

11- Şer'î olmayan nedenler öne sürdükleri zaman eşini boşamayı terk etmek,

12- Bir bayanın zorla evlendirilmesi söz konusu olduğu zaman babasının fikrine muvafakat etmemesi,

13- Ana babasının zorla evlendirme isteğine karşı bir gencin onların bu görüşünü kabul etmemesi...

ANNE BABAYA İSYANIN ÂHİRETTEKİ CEZASI

Ana babasına kötü davranan, onları üzen kimselere sadece dünyada değil, asıl karşılık yurdu olan ahirette yaptıklarının cezası verilecektir. Rasûlullah sallallâhu aleyhi ve sellem böylelerine verilecek cezayı bizlere şöyle anlatır:

"Şu üç kişiye kıyamet gününde Allah Teâlâ bakmayacak/nazar etmeyecektir: Ana babasına isyan edene, içki tiryakisine, verdiğini başa kalkana."[47]

Subhanallah! Bu ne büyük bir ceza, ne büyük bir azaptır!

Cennete bile girsen Allah'ın yüzünü göremeyeceksin...

Cennetliklerden bile olsan, Onun bakışlarına nail olamayacaksın... Bundan daha büyük bir azap var mıdır?

Böylesi bir azapla karşı karşıya kalmamak istiyorsan şimdiden ebeveynine iyi davran, onların rızasını al, onlarla iyi geçinmeye bak! Aksi halde Allah'ın nazarından nasipdâr olamayacaksın!

---

[47] Ahmed b. Hanbel ve İbn-i Hibbân rivayet etmiş Şuayb el-Arnavut "sahih" olduğunu belirtmiştir. Bkz. Sahihu İbn-i Hibbân, 16/334.

HATIRLA BAKALIM!

- Annenin zorluklar içerisinde seni taşıdığı günleri hatırla!

- Hatırla o günü ki, senin hayatta kalman için ne kadar da çok kan kaybetmişti! Yeterli düzeye gelene dek seni emzirmiş, kendi canını seninle paylaşmıştı.

- Kendi nasibi ile senin karnının doymasından dolayı duyduğu o sevinci, mutluluğu ve süruru hatırla!

- Altını değiştirdiği, iğrenç kokularından seni kurtardığı günleri hatırla!

- Hastalandığın zaman içerisine düştüğü endişeyi, duyduğu sıkıntıları ve yaşadığı elem dolu anları hatırla!

- Yemeyip yedirdiği, içmeyip içirdiği, giymeyip giydirdiği, uyumayıp uyuttuğu günleri hatırla!

Şimdi tüm bunlardan sonra hâlâ ona isyan edecek, onu üzecek ve ona karşı mı geleceksin?

ANA BABASINA KÖTÜ DAVRANANLARLA ARKADAŞLIK EDİLİR Mİ?

Bizler ebeveynimize iyi davranıp onları razı eden Müslümanlardan olabiliriz. Ama sadece bununla yetinmemiz doğru olmaz. Aksine etrafımızdaki insanlarında böyle olmasını sağlamamız, onlarında anne-babalarına itaatkâr kimselerden olmaları için gayret göstermemiz gerekmektedir. Unutmamalıyız ki, anababasına iyi davranmayan, onları üzen kimseler yeri geldiğinde bizlere de iyi davranmaz ve bizleri üzerler. Nitekim Ömer İbn-i Abdülaziz radıyallahu anh bu hakikati İbn-i Mihran'a yapmış olduğu nasihatinde şöyle dile getirmiştir:

♦ *İyiliği emredip kötülükten sakındıracak olsan bile, sultanların (devlet yetkililerinin) kapısına gitme!*

♦ *Kurân'dan bir sûre bile öğretecek olsan, asla bir kadınla baş başa kalma!*

♦ *Ana babasına kötü davranan birisi ile asla arkadaşlık etme! Zira o, ana babasına kötü davrandığı halde kesinlikle sana iyi davranmaz.*"[48]

Eğer biz, bu meseleye dikkat etmez ve ebeveynini üzen kimselerle arkadaşlık etmeye devam edersek, o zaman Allah bizlere yardımını keser ve günahkâr in-

---
[48] Siyeru A'lami'n-Nübelâ, 6/128.

sanlarla beraber olduğumuz için üzerimizdeki desteğini kaldırır. Unutulmaması gerekir ki Allah'ın yardımı, içerisinde günahkârların bulunduğu bir topluluğa erişmez!

GÜN GELİR, DEVERAN DÖNER!

Hayatta kalan her insan çocukluk yaşadığı gibi yaşlılık dönemi de yaşayacaktır. Yaşlılık döneminde hayırlı, huzurlu ve güven içerisinde bir hayat sürdürmek isteyenler, gençliklerinde aynı şekilde ebeveynlerine davranmalı, onları razı etmelidirler. Onları üzdüğü halde yaşlılık döneminde güzel bir hayat sürmeyi bekleyenler derin bir yanılgı içerisindedirler. Çünkü İslam'a göre " الجزاء من جنس العمل / el-cezâu min cinsi'l-amel"dir. Yani karşılık amelin cinsine göredir. Nasıl amel işlemişsen, onunla karşılık görürsün. Eğer ebeveynine iyi davranmış, onları razı etmişsen, senin çocukların da seni mutlu edecektir. Yok, eğer onları üzmüşsen, sakın ha çocuklarının seni mutlu edeceğini ümit etme! Çünkü bu dünya etme bulma dünyasıdır. Rasûlullah sallallâhu aleyhi ve selem şöyle buyurmuştur:

ما أكرم شاب شيخا من أجل سنه إلا قيض الله له من يكرمه عند سنه

"Bir genç sırf yaşlılığından dolayı bir ihtiyara ikramda bulunursa, Allah mutlaka yaşlandığında ona ikram edecek kimseler nasip eder."[49]

---

[49] Tirmizî rivayet etmiş, Şeyh Elbanî zayıf olduğunu belirtmiştir. Bkz. Silsiletu'l-Ehâdîsi'd-Da'îfe, 304.

Diğer bir hadiste de şöyle buyrulmuştur:

بروا آباءكم تبركم أبناؤكم و عفوا عن النساء تعف نساؤكم

"Babalarınıza iyilikte bulunun ki çocuklarınız da size iyilik etsin; başka kadınlara karşı iffetli davranın ki kadınlarınız iffetli olsun."[50]

Bu nedenle yarın ne görmek istiyorsak şimdiden onu ekmeli, ona göre kendimizi hazırlamalıyız.

---

[50] Taberanî rivayet etmiş, Elbanî zayıf olduğunu belirtmiştir. Bkz. Da'îfu'l-Camii's-Sağîr, 2330.

ANA BABANIN ELİ ÖPÜLÜR MÜ?

İslam âlimleri; ilmi, zühdü, dindarlığı, kendisini günahlardan koruması ve bunlara benzer dinî davranış veya nitelikleri sebebiyle başka birinin elini öpmenin mekruh değil, aksine müstehap olduğunu söylemişlerdir. Fakat zenginliği, mevki ve makamı ya da bunlara benzer dünyalık bir sebeple el öpmeye gelince bu, bazı âlimlere göre mekruh, bazılarına göre ise haram kabul edilmiştir.

Ulemamızdan bazıları öpmenin beş çeşit olduğunu söylemişlerdir. Bunlar şu şekildedir:

◆Tahiyye maksadıyla öpmek (kuble-i tahiyye): Hürmet ve saygıya lâyık birinin veya yaşlı olan bir müminin elinin üstünü öpmektir.

◆Şefkat öpüşü (kuble-i şefkat): Çocuğun babasını ve anasını öpmesidir.

◆Rahmet öpüşü (kuble-i rahmet): Babanın, ananın kendi çocuğunun yanağını öpmesidir.

◆Şehvet öpüşü (kuble-i şehvet): Zevcin, zevcesinin dudağını öpmesidir.

♦Meveddet öpüşü (kuble-i meveddet): Erkek ve kız kardeşlerin birbirlerinin yanaklarından öpmesidir.[51]

El öpmenin caiz olduğu noktasında birçok hadis mevcuttur. Bunlardan bir tanesi şu rivayettir:

• Safvân İbn-i Assâl radıyallahu anh anlatır: "Bir Yahudi kendisi gibi Yahudi olan arkadaşına: 'Gel şu peygambere gidelim, dedi.

İkisi birlikte Rasûlullah sallallahu aleyhi ve sellem'e geldiler ve Müslümanlarla Yahudiler arasında ortak olan dokuz kesin ayeti sordular. Rasûlullah sallallahu aleyhi ve sellem sorularını cevapladıktan sonra onun elini ve ayağını öperek *'Şehâdet ederiz ki sen gerçekten bir peygambersin'* dediler."[52]

El öpmenin caiz olduğunu ispat eden diğer bir rivayet de şudur: İbn-i Ömer radıyallahu anhumâ başından geçen uzunca bir olay zikreder ve ardından şöyle der:

"Sonra Nebî sallallahu aleyhi ve sellem'e yaklaştık ve elini öptük."[53]

Meseleyi ispat eden en güçlü delil ise şu rivayettir:

• Rasûlullah sallallahu aleyhi ve sellem kızı Fatıma'nın huzuruna girdiğinde Fatıma radıyallahu anhâ babasını karşılamak için ayağa kalkar ve elini öperdi."[54]

---

[51] El-Mevsuatu'l-Fıkhiyyetu'l-Kuveytiyye, 13/129.
[52] Tirmizî, İsti'zân 33.
[53] Ebû Dâvûd, Cihâd 96; Edeb 148. Ayrıca bk. Tirmizî, Cihâd 36;
[54] Ebû Dâvûd rivayet etmiş, Elbanî "sahih" olduğunu belirtmiştir. Bkz. Sahîhu ve Da'îfu Süneni Ebî Davûd, 5217.

Bu rivayet, bir çocuğun babasının elini öpebileceği noktasında çok sarihtir. Tüm bu delillerden hareketle ulemamız, çocukların, ebeveynlerinin ellerini öpebileceğini söylemişlerdir.

Burada cevaplamamız gereken bir soru var: Acaba el öperken alna koymak var mıdır?

Cevap: El öpmeyle alakalı rivayetler incelendiğinde bunun içerisinde alna koymak gibi bir şey olduğu görülmemektedir. İşin aslı bu uygulama biraz da bizim toplumumuzda vardır. Birçok toplumda alna koyma gibi bir adet yoktur. Bu nedenle büyüklerimizin eli öpülürken sadece bu kadarıyla yetinmeli ve alna koymamaya dikkat etmeliyiz.

ANNE BABAMIZ ÖLÜNCE NE YAPABİLİRİZ?

İyilik, sadece insanoğlu hayatta iken yapılmakla kalmaz aksine o vefat ettiğinde de devam eder. Sahabeden Selemeoğullarına mensup birisi başlığımızdaki sorunun cevabını merak etmiş ve Rasûlullah sallallahu aleyhi ve sellem'e gelerek:

—Ey Allah'ın Rasûlü! Vefat ettikten sonra ana babam adına yapacağım bir iyilik var mı, diye sormuş.

Bunun üzerine Rasûlullah *sallallahu aleyhi ve sellem* ona:

—Tabii ki var. Onlara dua etmek, bağışlanmalarını dilemek, ölümlerinden sonra ahitlerini yerine getirmek, ancak onlarla yapılması mümkün olan sıla-i rahimde bulunmak ve dostlarına ikram etmek, diye cevap vermişti.[55]

Dolayısıyla ebeveynimiz vefat ettikten sonra kendilerine rahmet okuyup bağışlanmaları temennisinde bulunabiliriz. Ancak hemen belirtelim ki bu hüküm sadece Müslüman olan ebeveyn için geçerlidir. Eğer ebeveyn Müslüman değilse onlara rahmet okuyup ba-

---

[55] Da'îfu İbn-i Mâce, 3664.

ğışlanmalarını dilemek bizzat Kur'an âyeti ile yasaklanmıştır. Rabbimiz şöyle buyurur:

مَا كَانَ لِلنَّبِيِّ وَ ٱلَّذِينَ ءَامَنُوٓا۟ أَن يَسْتَغْفِرُوا۟ لِلْمُشْرِكِينَ وَلَوْ كَانُوٓا۟ أُو۟لِى قُرْبَىٰ مِنۢ بَعْدِ مَا تَبَيَّنَ لَهُمْ أَنَّهُمْ أَصْحَٰبُ ٱلْجَحِيمِ

"Akraba bile olsalar, cehennem halkı oldukları açıkça belli olduktan sonra müşrikler için af dilemek ne peygambere yakışır ne de iman edenlere." (9 Tevbe/113)

Ve yine onların ahitlerini yerine getirip sıla-i rahimlerinde bulunup yakın dost ve arkadaşlarına iyilik edebiliriz. Bunlar anne-babalarımız vefat ettikten sonra biz Müslümanların yapması gereken işlerden bazılarıdır.

SONUÇ

Buraya kadar anlatmaya çalıştığımız şeylerle Müslümanlara, ebeveynlerine karşı nasıl bir tutum içerisinde olmaları gerektiğini öğütlemeye çalıştık.

Unutmamamız gerekir ki Allah azze ve celle kötülüğe bile iyilikle karşılık verilmesi gerektiğini emretmektedir. Rabbimiz şöyle buyurur:

وَلَا تَسْتَوِي ٱلْحَسَنَةُ وَلَا ٱلسَّيِّئَةُ ٱدْفَعْ بِٱلَّتِي هِيَ أَحْسَنُ فَإِذَا ٱلَّذِي بَيْنَكَ وَبَيْنَهُ عَدَاوَةٌ كَأَنَّهُ وَلِيٌّ حَمِيمٌ

"İyilikle kötülük bir olmaz. Sen kötülüğü en güzel bir şekilde sav. (Böyle yaparsan) **bir de bakarsın ki, seninle arasında düşmanlık bulunan kimse sanki sıcak bir dost oluvermiştir."** (41 Fussilet/34)

ٱدْفَعْ بِٱلَّتِي هِيَ أَحْسَنُ ٱلسَّيِّئَةَ

"(Ey Muhammed!) **Sen kötülüğü, en güzel olan şeyle uzaklaştır..."** (23 Müminun/96)

Kötülüğe bile iyilikle karşılık verilmesi gerekiyorsa peki ya iyiliğe ne ile karşılık verilmesi gerekir?

هَلْ جَزَآءُ ٱلْإِحْسَٰنِ إِلَّا ٱلْإِحْسَٰنُ

"İyiliğin karşılığı iyilikten başka bir şey midir?" *(55 Rahman/60)*

İslam, iyilikleri asla göz ardı etmediği için her fırsatta ana babaya iyi davranmayı emretmiştir. Ebeveynlerimiz hayatları boyunca ellerinden gelen tüm iyilikleri bize göstermişler ve en ufak bir iyiliği bile bizden esirgememişlerdir. Bu nedenle iyilik eden bu insanlara iyilikle muamele etmekten başka bir çıkar yolumuz yoktur. Gelin ebeveynlerimizle muamelelerimizi tekrar gözden geçirelim ve onlara nasıl davranmamız gerektiğini yeniden değerlendirelim.

Rabbim hepimizi anne babasını razı eden ve dünyada onlarla iyi geçinen salih kullarından eylesin. (Amîn)

HİKMET DAMLALARI

İbrahim GADBAN

"Hikmet Damlaları" adlı eserimiz; kimi zaman sosyal medyadan paylaştığımız, kimi zaman da aklımıza düştüğünde kaleme aldığımız bir dizi *"hikmet"* içerikli nasihatlerden oluşmaktadır.

İçerisinde yer alan gerek Selef-i Sâlihîn'e dayalı, gerekse tedebbür sonucu elde edilmiş hikmetlerin kalbinizi dinlendirdiğini ve derin bir huzura eriştirdiğini hissedeceksiniz.

Çay içerken veya dinlenirken bir çırpıda okuyacağınız bir çalışma...

♦ ÇIKTI ♦

BİR DİL ÂFETİ OLARAK "AĞIZ BOZUKLUĞU"

İbrahim GADBAN

"**Ağız bozukluğu**" konusu, hiç şüphe yok ki hepimizin kendisinden muzdarip olduğu konuların başında gelmektedir. Bırakın cahil insanlarımızı, kendisini İslam'ın yılmaz bekçisi gören bazı Müslüman kardeşlerimiz bile maalesef bu konuda sınıfta kalmakta, olması gereken düzeyin çok aşağısında seyretmekteler. Yani sakallı, sarıklı, şalvarlı nice ağabeyimizin bu meselede tefrite düştüğünü rahatlıkla söyleyebiliriz.

Bizler bu konuda nedense Rasûlullah *sallallâhu aleyhi ve sellem*'i ve güzide ashabını gereği gibi kendimize örnek alamıyor, İslam geldikten sonra gösterdikleri köklü değişimi bir türlü gösteremiyoruz.

Bu kitabımız; bu konular başta olmak üzere genel olarak ağız bozukluğu dediğimizde ne anlamamız gerektiğini, bunun kötülüğünü, kurtulmak için neler yapabileceğimizi ele almaktadır.

◆ ÇIKTI ◆

TEVBENDE SAMİMİ OLDUĞUNU NASIL BİLEBİLİRSİN?

İbrahim GADBAN

"Tevbende Samimi Olduğunu Nasıl Bilebilirsin?" adlı eserimiz; tevbe eden bir kişinin tevbesinde samimi olduğunu nasıl bileceğini ele alan ve bunun alametlerini ortaya koyan mütevazı bir çalışmadır.

Önemli ve dikkatle okunması gereken bir konuyu işlediği için, günahın kirlerinden ve kalbe bıraktığı yakıcı etkisinden kurtulmak isteyenlerin mutlaka okumasını düşündüğümüz bir eserdir.

NOTLAR